파이널 패스

핵심이론과 함께하는

100선

박문각 공인중개사

이태호 부동산세법

브랜드만족
1위
박문각

2024

이 책의 차례

PART

01

KEY 30

1. key　납세지(과세 관할)

출제 경향 ☞ 세법 시험에서 "납세지" 단일 문제로 출제된 적은 없으나, 부동산 관련 각 세목 문제별 오지선다로 출제되고 있다.

√ 문제푸는 요령 ☞

> 문장에서 ...는 앞에 **"납세지,"** 마침표 앞에서 **"납세지"**란 단어가 나오면 **"납세지 문제구나"**라고 생각하고, 문장의 포인트를 잡는다. 포인트는 **지방세냐? 국세냐?**다.

1. 지방세의 납세지

¶지방세-취득세 · 등록면허세 · 재산세

지방세의 납세지 ⇨ ⇨ ⇨ 　소재지

취득세	납세지가 불분명	취득물건소재지
등록면허세		등록관청소재지

취득세	2 이상 지자체에 걸쳐	소재지별 시가표준액 비율로 배분
등록면허세		등록관청소재지

> **등록면허세**
> 같은 채권의 담보를 위하여 설정하는 둘 이상의 저당권을 등록하는 경우에는 이를 하나의 등록으로 보아 그 등록에 관계되는 재산을 처음 등록하는 등록관청 소재지를 납세지로 한다.

2. 국 세

¶국세-소득세 · 종합부동산세

거주자	주소지 관할 세무서	
비거주자	국내 사업장 소재지 관할 세무서	
	국내사업장이 불분명	토지 · 주택소재지
		국내소득소재지

> 　양도소득세 납세의무　□...**거주자...국외** 소득..**국내 5년 이상 주소**...**양도소득 납세의무 있다.**
> □...**비거주자...국내** 소득 **만** ...**양도소득 납세의무가 있다.**

2. key　부동산 취득, 보유, 처분(양도)

제5회, 제8회, 제13회, 제15회 추가, 제16회, 제17회, 제25회, 제30회 기출

> ① 취득, 보유, 양도 모두 관련된 조세 : **농어촌특별세**
> ② 취득, 보유만 관련된 조세 : **지방교육세**
> ③ 보유, 양도만 관련된 조세 : **지방소득세 · 종합소득세**

위 세 개를 암기하고 세원만 알면 취득, 보유, 양도가 구별된다.

3. key 납세의무의 성립(추상적 개념)

제13회, 제15회, 제15회-2, 제16회, 제18회, 제21회, 제29회 기출

1. 일반적 ⇨ ○○세 - ○○하는 때

세 목	납세의무 성립시기
취득세	과세물건을 취득하는 때
등록면허세	재산권 등 그밖의 권리를 등기 또는 등록하는 때
수시부과하는 세목	수시부과사유가 발생하는 때
지방세에 가산되는 가산세	가산세를 가산할 사유가 발생하는 때

2. 부는 본에 따른다.

부가세인 ⇨ 농어촌특별세·지방교육세·국세의 가산세·지방소득세의 성립시기는 ......○○세의 납세의무가 성립하는 때

농어촌 특별세	본세의 납세의무가 성립하는 때
지방교육세	그 과세표준되는 세목의 납세의무가 성립하는 때
국세에 가산되는 가산세	이를 가산할 국세의 납세의무가 성립하는 때
지방소득세	그 과세표준 되는 소득세의 납세의무가 성립하는 때

3. 특수 경우

• 소득세 ⇨ **과세기간이 끝나는 때**

주의 예정신고납부하는 소득세 : 그 과세표준이 되는 금액이 발생한 **달의 말일**

• 재산세·종합부동산세·지역자원시설세 ⇨ **과세기준일(6월 1일)**

주의 개인분·소득분...**주민세** ⇨ 과세**기준일(7월 1일)**

종업원분 주민세는 종업원에게 급여를 지급하는 때

• 인지세 : 문서작성시 성립과 동시에 확정

4. key 납세의무의 확정(세액산정으로 구체적)

제13회, 제15회, 제15회-2, 제16회, 제18회, 제26회, 제31회, 제33회 기출

√ 문제푸는 요령 ☞

문장에서 **확정**(또는 세액 산정)이라는 단어를 문제 key로 잡고, 해당되는 세목이 **보유만** 적용세목이면 **결정**(과세권자가 세액 산정), 보유만 **외의 세목이면 신고가 원칙**이다. 예외로 **신고를 택하는 세목**에서 신고를 이행하지 아니한 경우란 말이 있으면 가산세를 가산하여 결정된다.

▌납세의무확정시기

취득세	납세의무자가 **신고하는 때** 확정
등록면허세	납세의무자가 **신고하는 때** 확정
재산세	지방자치단체가 **결정하는 때** 확정
종합부동산세	국가가 **결정하는 때** 확정(예외로 <u>신고하고자 하는 자는 납부기간인 12월 1일~12월 15일 내에 신고한다. 이를 신고하는 때</u>에는 정부의 결정이 없었던 것으로 본다) 비교) 주택보유현황신고는 9월 16일~9월 30일
소득세(양도·종합소득세)	납세의무자가 **신고하는 때**
지역자원시설세 ⇨ 지방자치단체가 세액 결정	

▌부과징수 방법

신고납부	신고와 동시에 납부	취득세, 등록면허세, 소득세
보통징수	지자체가 세액 산정하여 **고지서 발부로 징수**	지방세+결정되는 세목으로 **재산세**
부과과세	신고하고자 하는 신고	종합부동산세
특별징수	징수의 편의가 있는 자가 징수하여 납입	지방소득세

> **신고납부의 예외 : 보통징수**
> 취득세 납세의무자가 **신고 또는 납부의무를 다하지 아니하면** 산출세액 또는 그 부족세액에 지방세기본법 제53조의2부터 제53조의4까지의 규정에 따라 산출한 **가산세를 합한** 금액을 세액으로 하여 **보통징수의 방법으로 징수**한다.

> **주의** 보통징수를 택하는 재산세·지역자원시설세는 신고 관련 가산세에 관련 규정은 없으나, 지방세에 있는 납부 관련 가산세인 납부지연가산세 규정이 있다.

> **주의** 종합부동산세에 무신고불성실가산세는 없으나, 과소신고의 경우 과소신고불성실가산세와 납부 관련 가산세인 납부지연가산세가 있다.

5. key ▶ 제척기간

제19회, 제25회, 제26회, 제29회, 제32회, 34회 기출

① 문제의 키는 '제척기간은',....'○년이 경과하면 부과할 수 없다.'이다.

② 문제 풀 때

- *...사기나 그밖의 부정.....10년
- *...과세표준신고서를 제출하지 아니한 경우에는....<u>7년</u>
- *과소신고 또는 종합부동산세·재산세 ➡ 5년
  (신고납부되는 세목의 기산일은 신고납부기한의 다음 날)
  (종합부동산세, 재산세의 기산일은 납세의무성립일)

6. key 가산세

제11회, 제20회, 제22회, 제26회, 제27회, 제32회, 제33회 기출

1. 가산세

① 가산세란...의무의,,,산출한 세액에 가산되는,,,1세목

② 해당 ○○세를 감면하는 경우, 가산세는 그 감면대상에 포함시키지 아니하는 것으로 한다.

③ 신고 관련 가산세

  ㉠ ...신고를 하지 아니한 경우에는..."무신고납부세액"의 100분의 20 금액을 가산세로 부과

  ㉡ ,,,사기,,,부정...납부세액의 100분의 40 금액

  ㉢ ...적게 신고..."과소신고납부세액 등"의 100분의 10 금액을 가산세로 부과한다.

④ 납부 관련 가산세

    납부지연가산세 : 납부하지 아니...이자율

⑤ ...법인이 장부작성의무 이행 불(不) 경우 ⇨ 10%

⑥ 중가산세 ⇨ 취득세만 있다.

  ㉠ 취득세 물건을 사실상 취득한 후 <u>신고를 하지 않고 매각</u>...산출세액에 80% 가산한...보통징수방법

  ㉡ 중가산세 제외되는 경우

      ⓐ 취득세..취득<u>신고를 한 후 매각</u>한 과세물건 ⇨ 중가산세에서 제외

      ⓑ ...등기된...신고하지 아니하고 매각   ⇨ 중가산세 제외

      ⓒ ...<u>등기등록 필요하지 아니한 물건</u>....신고하지아니하고 매각

                                    ⇨ 중가산세에서 제외

      ⓓ <u>지목변경</u>...신고하지아니하고 매각 ⇨ 중가산세 제외

      ⓔ ...주식...신고하지 아니하고 매각 ⇨ 중가산세 제외

√ 문제푸는 요령 ☞

> 취득세의 문제에서 **신고하지 아니하고 매각**이란 구절을 문제의 키로 잡고, 앞에 **등기된** 또는 **토지지목** **변경 주식**이란 단어가 있는지 없는지 찾아보고 없으면 **중가산세(산출세액의 80%)를** 가산하여 보통징 수 방법으로 부과징수한다. **등기된** 또는 **토지지목변경 과점주주의 주식**이란 단어가 있으면 **중가산세** **(산출세액의 80%)는** 가산되지 아니한다.

▌기한 후 신고

> • **기한 후 신고**(무신고-자수)
> 대상자 ⇨ 신고기한까지 신고서를 제출하지 <u>아니한 자</u>
> 적용되는 경우 ⇨ 무신고의 경우
> 기한 ⇨ 결정하여 통지를 하기 전까지는 과세표준 기한후신고서를 제출할 수 있다.
> 감면 ⇨ <u>무신고불성실가산세에서 감면</u>

▌수정 신고

> • **수정신고**(과소신고-자수)
> 대상자 ⇨ **신고한 자**(납기 후 신고 포함)
> 적용되는 경우 ⇨ 과소신고의 경우
> 기한 ⇨ 경정하여 통지를 하기 전까지는 수정신고서를 제출할 수 있다.
> 감면 ⇨ **과소불성실가산세에서 감면**

7. key 조세의 우선권

제13회, 제19회, 제22회, 제29회, 제30회, 제31회 기출

징수금 ⇨ 체납처분비·지방세·가산세

① 지방자치단체의 징수금은 다른 공과금과 그밖의 채권에 우선하여 징수한다.

② 지방자치단체의 징수금에 대한 징수순서는 체납처분비, 지방세, 가산세의 순서로 한다.

피담보 채권과의 우선순위

① 법정기일 전에 저당권의 설정을 등기한 담보채권은 국세 또는 지방세와 동 가산금보다 우선하는 권리를 가진다.

② 당해 재산에 부과된 **재산세 · 종합부동산세 · 지역자원시설세 · 상속세 · 증여세**는 설정시기를 불문하고 **피담보채권보다 우선**하여 징수한다.

8. key 물납 · 분할납부

제13회, 제17회, 제20회, 제21회, 제24회, 제25회, 제27회, 제28회, 제29회, 제30회, 제31회, 제32회, 제33회,
제34회 기출

물 납

암기 ⇨ **물 천 분 이 오 양 천**

① 시험범위 내의 세목 중 물납이 인정되는 세목은 **재산세뿐**이다.

세 목	물납요건	물납가능물건
재산세	납부할 세액 1천만원 초과	**관할구역 내 부동산**

물납신청기한 ⇨ 납부기한 10일 **전**까지

  • 재산세에서 물납 허가하는 부동산의 가액은 재산세 **과세기준일**의 시가(시가표준액의 의미)에 의한다.

② 물납허가 받은 부동산을 행정안전부령으로 정하는 바에 따라 물납하였을 때에는 납부기한 내에 납부한 것으로 본다.

③ 시장 · 군수는 물납신청 받은 부동산이 **관리 · 처분하기가 부적당하다고 인정되는 경우에는 허가하지 아니할** 수 있다.

④ 시장 · 군수는 불허가 통지받은 납세의무자가 그 통지를 받은 날로부터 10일 내에 **해당 시 · 군의 관할 구역에 있는 부동산으로서 관리처분 가능한 다른 부동산으로 변경신청한 경우 변경허가를 할 수 있다.**

분할납부

재산세	분납 요건		분납 기간
	납부세액 250만원 초과	**일부**	납부기한경과한 날부터 3개월 내
	일부	5백만원 이하 ⇨ 250만원 초과 금액	
		5백만원 초과 ⇨ 50% 이하 금액	

종합부동산세 (물납 없다)	분납 요건		분납 기간
	납부세액 250만원 초과	**일부**	납부기한경과한 날부터 **6개월 내**
	일부	5백만원 이하 ⇨ 250만원 초과 금액	
		5백만원 초과 ⇨ 50% 이하 금액	

양도소득세 (물납 없다)	분납 요건		분납 기간
	납부세액 1천만원 초과	**일부**	납부기한경과한 날부터 **2개월 내**
	일부	2천만원 이하 ⇨ 1천만원 초과 금액	
		2천만원 초과 ⇨ 50% 이하 금액	

① 예정신고 또는 확정신고 납부의 경우 분납이 가능하다.

② 분납 신청은 납부기한 내에 신청, 허가요건이 없다.

9. key 지방세 신고납부기간

취득세 신고납부

구 분			신고납부기간	
일반적인 경우			취득일 ~ 60일 내 신고납부	
토지허가구역 내에서 허가받기 전에 대금완납			허가일 ~ 60일 내 신고납부	
예 외	상속으로 취득		상속개시일이 속하는 **달의** 말일 ~ **6개월 내 신고납부**	
	증여(부담부 증여 포함)로 취득		취득일(계약일)이 속하는 **달의 말일** ~3개월 내	
	추가 신고납부	취득 후 중과세율 적용	중과세율적용 대상 된 날 ~ 60일 내 신고납부	**주의** **가산세 제외**
		비과세·감면 후 과세된·추가징수된 경우	사유발생일 ~ 60일 내 신고납부	
	신고납부기한 내에 공부에 **등기·등록**하려는 경우		등기·등록 <u>신청서를 접수하는 날까지</u>를 신고납부	

주거용 건축물을 취득한 날부터 **60일 이내에 주거용이 아닌 용도로 사용**하거나 고급주택이 아닌 용도로 사용하기 위하여 용도변경공사하는 경우는 고급주택으로 보지 아니한다.

「부동산등기법」에 따라 채권자대위권에 의한 등기신청하려는 **채권자대위자는 납세의무자를 대위하여 부동산취득에 대한 취득세를 신고납부할 수 있다.**

지방자치단체의 장은 채권자대위자의 부동산의 등기에 대한 취득세·등록면허세 신고납부가 있는 경우 납세의무자에게 그 사실을 즉시 통보하여야 한다.

√ 문제푸는 요령 ☞

마침표 앞에 "신고납부"라는 말이 있으면 이를 문제 key로 하여, 문장에 **상속** 단어가 있으면 **달의 말일**로부터 6개월 내 신고납부, **증여**(부담부 증여 포함)단어가 있으면 **달의 말일**로부터 3개월 내 신고납부, 문장에 **"등기·등록"**이란 단어가 있으면 등기·등록하기 **전까지**(신청서 접수 날까지) 신고납부

등록면허세 신고납부

① 원칙: **등록**하려는 자는....등록을 **하기 전까지** 신고하고 납부
② 등록면허세를 비과세·경감받은 후에 등록면허세 부과대상이 되었을 때에는 그 사유발생일부터 **60일** 이내에 해당 세액(**가산세는 제외**)을 신고하고 납부하여야 한다.

• 신고의무를 다하지 아니한 경우에도 등록면허세 산출세액을 **등록을 하기 전 까지 납부**하였을 때에는 신고를 하고 납부한 것으로 본다. 이 경우 **무신고에 따른 가산세를 부과하지 아니**한다.

√ 문제푸는 요령 ☞

문장에서 **"등록을 하기 전까지 납부"**라는 말이 있으면 이를 문제 개별적 문제 key로 하여 신고한 것과 똑같은 효과로, 문장 끝에 **"무신고에 따른 가산세를 부과하지 아니한다."**

재산세 납부기간

① 재산세는 재산의 보유에 대해 **물건별**로 **개별과세** ⇨ 보통징수(고지서 발급으로 징수하여 신고 관련 가산 세 규정은 없으나, 가산금은 있다)

재산세를 장수하고자 하는 때에는 **토지, 건축물, 주택, 선박 및 항공기로 구분한 납세고지서**에 과세표준 과 세액을 기재하여 늦어도 납기개시 5일 전까지 발부하여야한다.

• 납세고지서를 발급하는 경우 토지에 대한 재산세는 한 장의 납세고지서로 발급하며, 토지 외의 재산에 대한 재산세는 건축물·주택·선박 및 항공기로 구분하여 과세대상 물건마다 각각 한 장의 납세고지서로 발급할 수 있다.

② 재산세의 납부기간은 재산의 종류에 따라 다음과 같이 달라진다.
  ㉠ 건축물: 매년 7월 16일부터 7월 31일까지
  ㉡ 토지: 매년 9월 16일부터 9월 30일까지
  ㉢ 주택: 산출세액의 **2분의 1은** 매년 7월 16일부터 7월 31일까지, 나머지 **2분의 1은** 9월 16일부터 9월 30일까 지, 주택 세액 + 20만원 이하인 경우의 주택의 납부기간은 7월 16일부터 7월 31일까지로 하여 한꺼번에 징수
  ㉣ 선박: 매년 7월 16일부터 7월 31일까지
  ㉤ 항공기: 매년 7월 16일부터 7월 31일까지

10. key 취득세 과점주주

제15회, 제18회, 제20회, 제23회, 제24회, 제26회, 제29회 기출

• 과점주주란: 법인(상장 제외)의 발행주식 총액의 50% 초과 소유자

① 법인의 주식 또는 지분을 취득함으로써 과점주주가 되었을 때에는 그 과점주주가 해당 법인의 부동산 등(=취득세 과세대상물)을 취득한 것으로 본다(지분율만큼).

② 법인 **설립시에**...취득으로 보지 아니한다.

> ㉠ ...증자... **최초로 과점주주가 된 경우**...모두 취득한 것으로 보아 취득세를 부과한다.
> ㉡ ..과점주주가.......증가된 경우에는 **그 증가분을 취득**으로 보아 취득세를 부과한다.

단, 증가된 후의 주식 등의 비율이 해당 **과점주주가** 이전에 가지고 있던 주식 등의 **최고비율보다 증가되지 아니한 경우에는 취득세를 부과하지 아니한다.**

㉢ ...과점주주였으나........양도등으로...취득하여 **다시 과점주주가 된 경우에는....그 증가분만 (=후 과점주주지분-종전 과점주주의 차이난 비율)**을 취득으로 보아 취득세를 부과한다.

11. key 취득세가 과세되는 경우

제3회, 제4회, 제5회, 제6회, 제8회, 제15회, 제17회, 제18회, 제20회, 제21회, 제26회, 제27회, 제28회, 제30회, 제32회, 제33회, 제34회 기출

① 취득세 과세 = 취득세 과세대상물 + 비과세 아닌 취득행위

√ 문제푸는 요령 ☞

> 취득세 과세대상물에 해당되고 비과세에 해당되지 않았으면 취득세 과세이다. 하면 되고. 취득세 세율에 적혀있는 거래는 과세되는 거래

㉠ 취득세 과세대상물

부동산(토지·건축물), 차량(모든), 기계장비(건설기계로 중장비로 외우면 됨), 선박(모든 배), 항공기(사람 탑승비행기), **광업권, 어업권, 양식업권**, 종합체육시설물 회원권, 입목, 콘도미엄 회원권, 골프 회원권, 승마 회원권, 요트 회원권

부 차 중 배 타고 **비** 행기타고 **광 어 양식** .**종** 합적으로 **입** 벌리고 **코** 골며 **승** 마타 **요**

√ 문제푸는 요령 ☞

> 회원권을 제외한 나머지 ○○권은 **광업권, 어업권권, 양식업권만** 취득세 과세대상물에 해당된다. ⇨사치성 재산인 **회원제골프장, 고급오락장, 고급주택, 고급선박** ⇨ 무조건 취득세 과세한다.

㉡ 취득세 **비과세**
 ⓐ 국가 또는 지자체의 자기를 위한 취득-비과세. 단, 외국정부는 상호면세주의
 ⓑ 국가에 **귀속·기부채납조건**으로 취득부동산-비과세

 주의 ⇨ 국가 등에 **귀속 등의 반대급부로 ... 무상사용권을 제공받는 경**우 ⇨ **취득세 과세**

ⓒ ...신탁등기가 병행되는...⇨ 취득세 비과세

　　주의 ⇨ ··신탁등기 병행된,,,**조합,** 명의신탁,, ⇨ 취득세 **과세**

ⓓ 　법　 ... **환매권의 행사**로 취득 ⇨ 취득세 비과세

　　주의 **환매**...취득세 과세(**표준세율에서 중과기준세율을 뺀 세율로** 과세)

ⓔ 존속기간 1년 초과하지 아니한 임시..비과세한다.

　　주의 ⇨ 존속기간이 1년을 초과하는 경우에는 부과(세율은 중과기준세율로 과세)

ⓕ **공동주택의 개수**로 ...9억원 이하,, ⇨ 비과세. 단, **대수선은 과세**

ⓒ 취득세 과세되는 경우의 거래

ⓐ 원시취득: 과세

단, 차량, 기계장비, 항공기 및 주문에 의하여 건조하는 선박은 원시취득은 과세하지 않고 승계취득의 경우에 한하여 과세한다.

ⓑ 소유권등기로 과세	건축물의 **이전**
	공유물의 **분할**, 재산 분할

ⓒ 증여자의 채무를 인수하는 **부담부증여**의 경우

채무 ⇨ 유상 취득	채무 외 **나머지** ⇨ 증여 취득

√ 문제푸는 요령 ☞

배우자 간·직계존비속 간..**대가입증,,파산선고,,교환,,경·공매**는 **유상**
배우자자 간, 직계존비속 간, 대가입증, 파산선고, 교환, 공경매 **단어 없이 다른 단어로 연결**되면 **증여취득**으로 본다.

ⓓ **배우자 또는 직계존비속으로부터의 부동산 등의 부담부증여**의 경우에는 **증여취득으로 간주**한다.

ⓔ ...**위탁자의 지위 이전**...(이는 실질적인 소유권의 변동이 있는 경우를 의미하므로) ⇨ 취득세 과세

　: 납세의무자는 새로운 위탁자

12. key 　취득세의 납세의무자

제12회, 제13회, 제14회, 제26회, 제27회, 제33회, 제34회 기출

취득세의 납세의무자

원칙: 사실상취득자

등기·등록 등을 이행하지 아니한 경우라도 사실상으로 취득한 때에는 각각 취득한 것으로 보고 당해 취득물건의 소유자 또는 양수인을 각각 취득자로 한다. 다만, 차량·기계장비·항공기 및 주문에 의하여 건조하는 선박은 승계취득의 경우에 한 한다.

key

1. ...설비......하나가 되어... ⇨ 주체구조부취득자

2. .....지목변경... ⇨ 소유자

3. 외국인 소유.....임차하여 수입 ⇨ 수입자

4. 상속(유증 포함)..... ⇨ 상속인(상속인 각자)

5. ....조합이..조합원용.... ⇨ 조합원이 취득

13. key 취득세의 표준세율

ㅓ 표준세율 암기 요령 ㅏ

삼 팔 장 땡 + 20/1,000, **팔 보** 채 + 20/1,000

광 복 절 ⇨ 8 * 15, **삼 분** + 20/1,000

　　　　　　↳ 비영리(사회복지 · 학교 · 종교)

① 표준세율

㉠ 상속	농지(전·답·과수원·목장)	23/1,000
	농지 이외(나대지, 임야, 상가건물, 주택)	28/1,000

㉡ 원시취득	신축 · 공유수면매립	28/1,000
	증축으로 면적이 증가	
	개수로 면적이 증가	

㉢ 증여 취득 ⇨ 35/ 1,000

비영리사업자(학교, 사회복지법인)	증여취득	28/1,000

주의 조정지역 내의 시가표준액 3억원 이상의 **주택**을 증여로 취득한 경우는 중과세율(12%)이 적용

㉣ 공유물 · 합유물 · 총유물의 분할	23/1,000

㉤ 유상 (매매 · 교환 등)	농지(전 · 답 · 과수원 · 목장)		30/1,000
	농지 이외(나대지, 상가건물, 임야)		40/1,000
	주택 (무주택자의 주택취득)	6억원	10/1,000
		6억원 초과~9억원	$[(취득가 \times 2/3억원)-3] \times 1/100$
		9억원 초과	30/1,000

탄력세율: 도지사는 조례에 의하여 취득세의 세율을 **표준세율의 100분의 50 범위 안에서 가감 조정**할 수 있다. 탄력세율 적용시는 **해당년도에 한**한다(중과세율은 탄력세율이 적용 불).

14. key 취득세의 세율의 특례

제22회, 제24회, 제26회, 제28회 기출

√ 문제푸는 요령 ☞

취득세의 세율의 특례의 문제에는 **"중과기준세율"**이란 단어가 주어진다. 중과기준세율이란 단어를 보고 **"세율의 특례"문제**, 선다 ①②③④⑤를 보고 ⇨ **재산의 증가가 없으면** 표준세율에서 1,000분의 20(중과 기준세율)을 **뺀다** 하시고 ⇨ **재산의 증가만** 나타나면 1,000분의 20(중과기준세율)을 적용

① 표준세율에서 중과기준세율(1,000분의 20)을 **뺀** 세율로 하는 경우

   ㉠ **상** 속으로 인한 1가구 **1** **주** 택의 취득

   ㉡ **상** 속으로 인한 **취** 득세의 감면되는 농지취득

   ㉢ 공유물·합유물의 **분할** ⇨ **주의** 등기부상 본인 **지분**을 **초과**경우는 유상의 **표준세율**

   ㉣ 건축물의 **이전**으로 인한 취득 ⇨ **주의** 동등가액 **초과**경우는 증축의 **표준세율**

   ㉤ **환매...**

   ㉥ ...재산**분할**로 인한 취득

---

② 중과기준세율(1,000분의 20)을 적용하는 경우

   ㉠ **개수**로 인한 취득 **주의** 면적이 증가는 증축으로 표준세율

   ㉡ **토지 지목변경**으로 토지**가액**의 증가

   ㉢ **과점주주**의 주식취득

   ㉣ 무덤...지적공부상 지목이 **묘지**인 토지의 취득

   ㉤ 존속기간이 **1년 초과**하는 임시건축물의 취득

   ㉥ ...소유권 등기 후...건축물의 취득

---

15. key | 취득세의 중과세율

① **사치성재산의 중과**

   ㉠ 사치성재산 (**고급주택 · 고급오락장 · 고급선박 · 골프장**)

   ▶사치성재산 암기 요령◀

   쓰 **리** **고** 에 **골** 때림 <u>**써** ~ **팔**</u>

                           ↳표준세율 + 8%

   ⇨ 표준세율(부동산취득세율)에 **중과기준세율**의 100분의 400을 합한 세율

   ⇨ 부동산 표준세율 + 8%

주의 고급승용차 · 고급항공기 · 골프 회원권, 비업무용 토지는 중과세율을 적용하지 않는다.

  ⓐ 고급주택, 고급오락장에 부속된 **토지의 경계가 명확하지 아니할** 때에는 그 건축물 **바닥면적의 10배** 토지를 그 부속토지로 본다.

  ⓑ 고급선박 ⇨ 비업무용 **자가용** 선박으로서 시가표준액 3억을 초과

  ⓒ 골프장 ⇨ **회원제 골프장용 부동산 중 구분등록의 대상**이 되는 토지와 건축물 및 그 토지상의 입목 (대중골프장, 골프연습장, 골프 회원권, 승계 취득 골프장은 골프장에 포함 되지 아니한다)

② **과밀억제권역 내 취득의 중과**(㉠㉡의 어느 하나에 해당하는 경우)

> 과밀억제권역 내의 중과세율은 표준세율에 중과기준세율(1,000분의 20)의 100분의 200을 합한 세율을 적용한다. ⇨ 표준세율 + 4%

㉠ **과밀억제권역**(산업단지·유치지역 및 공업지역은 제외한다)에서 공장을 신설하거나 증설하기 위하여
사업용 과세물건을 취득하는 경우
㉡ **과밀억제권역**에서 **본점이나 주사무소의 사업용 부동산**(신축하거나 증축하는 경우)을 취득하는 경우
【과밀억제권역 내에서 중과하지 아니한 경우】
ⓐ **과밀억제권역 내 공장,본점의 포괄적 승계취득**
ⓑ **과밀억제권역 내 지점 신설·증설** *업종변경

③ **대도시 내의 중과세율**

> 대도시 내의 중과세율은 표준세율의 100분의 300에서 중과기준세율(1,000분의 20)의 100분의 200을 뺀 세율
> 을 적용한다. ⇨ (표준세율×3)−4%

√ **문제푸는 요령** ☞

> 취득세의 문제에서 **"대도시"**라는 단어가 있으면 이를 **개별적 문제의 key**로 잡고, 문장에서 *사택* *중과
> 제외업종(은행업·유통업·의료업·전기통신업)* 단어가 있으면 끝말은 **중과제외**한다....없으면 끝말은
> **중과**한다.

④ **법인의 유상 주택 취득 또는 다주택자의 유상 주택 취득의 중과**

법인의 유상 원인으로 주택 취득	유상 농지 이외의 표준세율에 중과기준세율의 100분의 400을 합한 세율을 적용 ⇨ 12%
1세대 3주택 이상에 해당하는 주택으로서 "조정대상지역"에 있는 주택을 유상 취득하는 경우	유상 농지 이외의 표준세율에 중과기준세율의 100분의 400을 합한 세율을 적용 ⇨12%
1세대 4주택 이상에 해당하는 주택으로서 조정대상지역 외 의 지역에 있는 주택을 취득하는 경우	
"조정대상지역"시가표준액 3억원 이상 주택을 무상취득(=증여 취득) 경우	유상 농지 이외의 세율을 표준세율(1,000분의 40)에 중과기준세율의 100분의 400을 합한 세율 ⇨ 12%
1세대 2주택에 해당하는 (대통령령으로 정하는 일시적 2주택은 제외)에 해당하는 주택으로서 "조정대상지역"에 있는 주택을 유상 취득하는 경우	유상 농지 이외의 세율을 표준세율로 하여 표준세율(1,000분의 40)에 중과기준세율의 100분의 200을 합한 세율을 적용한다. ⇨ 8%
1세대 3주택에 해당하는 주택으로서 조정대상지역 외 의 지역에 있는 주택을 유상 취득하는 경우	

□ 주택 수의 판단

㉠ 「신탁법」에 따라 **신탁된 주택**은 위탁자의 주택 수에 가산한다.

㉡ "**조합원입주권**"은 소유자의 주택 수에 가산한다.

㉢ "**주택분양권**"은 소유한 자의 주택 수에 가산한다.

> **주의** 입주권과 분양권은 **취득세 과세**하지않고, 주택 수에만 가산한다.

㉣ 재산세의 주택으로 과세하는 오피스텔은 해당 오피스텔을 소유한 자의 주택 수에 가산한다.

㉤ 중복적용 되는 경우의 세율적용

원칙: **같은 취득물건**에 대하여 **둘 이상의 세율**이 해당되는 경우에는 그중 **높은 세율**을 적용한다.

---

16. key 취득세의 취득시기

제8회, 제9회, 제13회, 제14회, 제19회, 제24회, 제28회, 제30회, 제31회, 제32회, 제34회 기출

√ 문제푸는 요령 ☞

> 문제가 **취득세의 취득시기**이면 각 거래마다 그 거래 특성상 취득으로 볼 수 있는 날 중 '**빠른날이다**'라고 생각하고 문제를 푼다('취득세 납세의무 성립일, 또는 취득일본다.'는 취득세 취득시기 문제이다).

1. 유상취득의 경우

취득의 구분	취득시기

① **유상취득**	**사실상 잔금 지급일과 등기일 중 빠른 날**
	• 사실상 잔금 지급일을 확인할 수 없는 경우
	  ⇨ 계약서상의 잔금 지급일과 등기일 중 **빠른 날**
	• 계약서상 잔금 지급일이 명시되지 아니한 경우
	  ⇨ 계약일로부터 60일이 경과되는 날과 등기일 중 **빠른 날**

다만, 해당 취득물건을 **등기·등록하지 아니하고** 화해조서·인낙조서·공정증서·계약해제신고서의 서류에 의하여 취득일~60일 내에 **계약이 해제된 사실이 입증되는 경우에는 취득한 것으로 보지 아니한다**. 제28회

√ 문제푸는 요령 ☞

> 취득세의 문제에서 ..**"계약해제"**란 개별적 문제 key 단어가 문장상에 있으면 **"계약해제"** 단어 앞에 등기·등록하지 아니하고... 취득세 신고기한(60일) 내 계약해제 입증이 나오면... 끝말은 취득한 것으로 보지 아니한다.

② 연부취득의 경우 그 사실상의 **연부금 지급일**

　(이 경우에 매회의 지급된 연부금액을 각각 과세표준으로 하여 취득세를 과세한다)

③ **무상(=증여)취득**의 경우는 **계약일**, 상속에 의한 취득은 상속개시일

④ **원시취득**(원시취득의 경우는 등기일은 **나타나지 않음**에 유념)

　㉠ **건축물을 건축 또는 개수하여 취득하는 경우**

　　ⓐ **사용승인서내주는 날과 사실상의 사용일 중 빠른 날**

　　ⓑ 사용승인서를 내주기 전에 임시사용승인을 받은 경우: 임시사용승인일과 사실상사용일 중 **빠른 날**

　　> **참고** 사용승인서교부일 = 준공검사증명서 = 준공인가증

ⓛ 매립·간척 등으로 토지를 원시취득	공사준공인가일

공사준공인가일 전에 사용승낙·허가를 받거나 사실상 사용하는 경우에는 사용승낙일·허가일 또는 사실상 사용일 중 **빠른 날**을 취득일

ⓒ 「**주택법**」에 따른 주택조합이 주택건설사업을 하면서 **조합원으로부터 취득하는 토지 중 조합원에게 귀속되지 아니하는 토지를 취득**하는 경우에는 「주택법」에 따른 <u>사용검사를 받은 날</u>에 그 토지를 취득한 것으로 본다.

ⓔ 「도시 및 **주거환경정비법**」에 따른 재건축조합이 재건축사업을 하거나 「빈집 및 소규모주택 정비에 관한 특례법」에 따른 소규모재건축조합이 소규모재건축사업을 하면서 **조합원으로부터 취득하는 토지 중 조합원에게 귀속되지 아니하는 토지를 취득**하는 경우에는 「도시 및 주거환경정비법」 또는 「빈집 및 소규모주택 정비에 관한 특례법」에 따른 소유권이전 고시일의 <u>다음 날</u>에 그 토지를 취득한 것으로 본다.

√ **문제푸는 요령** ☞

> 문제가 취득세의 취득시기에서 문장의 첫글자가 「**주택법**」일 때 끝말은 <u>사용검사받은 날</u>이다. 문장의 첫글자가 「**..주거환경정비법**」일 때 … 끝말은 <u>다음 날</u>이다.

⑤ 기 타

토지의 지목변경에 따른 취득	사실상 변경된 날과 공부상 변경된 날 중 빠른 날
다만, <u>토지의 지목변경일 이전에 사용하는 부분에 대해서는 그 사실상의 사용일</u>을 취득일로 본다. (사용일과 관계없이 ✕)	

재산분할로 인한 취득	**등기일 또는 등록일**
시효취득	**등기일 또는 등록일**

17. key ／ 취득세의 과세표준

제5회, 제6회, 제8회, 제10회, 제12회, 제14회, 제15-2회, 제16회, 제17회, 제18회, 제21회, 제22회, 제23회, 제24회, 제25회, 제26회, 제27회, 제29회 기출

1. 취득세의 과세표준

원칙	취득당시 가액	<u>연부(年賦)</u>로 취득하는 경우에는 <u>연부금액</u>(매회 사실상 지급되는 금액을 말하며, 취득금액에 포함되는 **계약보증금을 포함**)
		취득 당시의 가액은 취득자가 신고한 가액으로 한다.

2. 취득의 구분에 다른 취득세 과세표준

유상취득			사실상 취득가
특수 관계인과의 거래로서 부당행위계산 ⇨ 지자체장이 시가인정액을 취득당시가액으로 인정할 수 있다.			
부담부증여로 채무상당액은 사실상취득가액을 적용하고 나머지부문은 증여취득으로 과세표준 정한다.			

구 분			과세표준
무상취득	상 속		시가표준액
	증 여	원 칙	시가인정액
		예 외	시가인정액을 산정하기 어려운 경우: 시가표준액
			취득물건에 대한 시가표준액이 1억원 이하인 부동산: 시가인정액과 시가표준액 중 납세자가 정하는 가액

원시취득, 건축물의 개수	사실상 취득가
법인이 아닌 자가 건축물을 건축하는 경우로서 사실상취득가액을 확인할 수 없는 경우에는 시가표준액으로 한다.	

교 환	교환을 원인으로 이전 받는 부동산 등의 시가인정액과 이전하는 부동산 등의 시가인정액 중 높은 가액
대물변제	대물변제액(다만, 대물변제액이 시가인정액을 초과하는 경우에는 시가인정액으로 한다)
양도담보	양도담보에 따른 채무액(다만, 채무액이 시가인정액을 초과하는 경우는 시가인정액으로 한다)
토지 지목변경	변경으로 증가한 가액에 해당하는 사실상취득가액 사실상 취득가액을 알 수 없을 때에는 변경 후 시가표준액에서 변경 전 시가표준액을 뺀 가액으로 한다.

3. 사실상 취득가액

① 취득가격 또는 연부금액은 **취득시기를 기준으로 그 이전**에 해당 물건을 취득하기 위하여 거래 상대방 또는 제3자에게 지급하였거나 지급하여야 할 직접비용과 다음 ㉠ ~ ㉑의 어느 하나에 해당하는 간접비용의 합계액으로 한다(**실제로 지급된 금액**으로 생각).

분양가 > 실제 지출금액 ⇨ 실제 지출금액 분양가 < 실제 지출금액 ⇨ 실제 지출금액

> ※ 다음 비용은 취득가격에 포함하지 아니한다.
> ⓐ 취득하는 물건의 판매를 위한 광고선전비 등의 판매비용
> ⓑ 전기·가스·열 등을 이용하는 자가 분담하는 비용
> ⓒ 이주비, 지장물 보상금 등 취득물건과는 **별개의** 권리에 관한 보상 성격으로 지급되는 비용
> ⓓ **부가가치세**

√ 문제푸는 요령 ☞

> 사실상 취득가액에 포함되는 않는 ⓐ~ⓓ는 '취득시기 이후의 지급비용'이므로 포함되지 아니한다. 라고 생각

다만, 취득대금을 **일시급** 등으로 지급하여 일정액을 할인받은 경우에는 **그 할인된** 금액으로 한다.
• 할인받은 금액은 포함 안됨

㉠ 건설자금에 충당한 **차입금의 이자** 또는 이와 유사한 금융비용. 단, 법인이 아닌 자인 경우는 제외

구 분	취득세(취득가액)	
	개인 취득자	법인 취득자
할부이자	불포함	포함
연부이자	불포함	포함
중개보수	불포함	포함
연체료	불포함	포함
건설자금이자	불포함	포함

㉡ 농지법에 따른 농지보전부담금(=농지 전용부담금)
㉢ 취득에 필요한 용역을 제공받은 대가로 지급하는 **용역비·수수료**
㉣ **취득대금 외에 당사자의 약정에 따른 취득자 조건 부담액과 채무인수액**
㉤ 부동산을 취득하는 경우 매입한 국민주택채권을 해당 부동산의 취득 이전에 양도함으로써 발생하는 매각차손 • **은행 한도 채권 매각차손** (은행에 양도시 발생한 차손에 한 함)
㉥ 붙박이 가구, 가전제품 등 건축물에 부착되거나 일체를 이루면서 건축물의 효용을 유지 또는 증대시키기 위한 설비·시설 등의 설치비용
㉦ 정원 또는 부속시설물 등을 조성·설치하는 비용

18. key 등록면허세

제17회, 제21회, 제22회, 제23회, 제24회, 제26회, 제27회, 제28회, 제29회, 제30회, 제31회, 제32회, 제33회, 제34회 기출

① "등록"이란 재산권과 그밖의 권리의 설정·변경 또는 소멸에 관한 사항을 공부에 등기하거나 등록하는 것을 말한다.

√ 문제푸는 요령 ☞

등록면허세의 등록이란 등기부 을구에 잉크를 묻힌 경우 과세라고 알고 있으면 서류에 적혀진대로 과세하는 **형식주의 또는 명의자과세원칙**을 알 수 있다.

② 다만, 취득세에 따른 취득을 원인으로 이루어지는 등기 또는 등록은 제외하되, 다음의 어느 하나에 해당하는 등기나 등록은 포함한다.
㉠ **광** 업권 및 **어** 업권, 양식업권의 취득에 따른 등록
㉡ **외국인 소유의** 취득세 과세대상 물건(차량, 기계장비, 항공기 및 선박만 해당한다)의 연부 취득에 따른 등기 또는 등록
㉢ 「지방세기본법」 제38조에 따른 취득세 부과**제척기간**이 경과한 물건의 등기 또는 등록
㉣ 취득가액이 **50만원 이하**에 해당하는 물건의 등기 또는 등록

√ 문제푸는 요령 ☞

> 등록면허세의 문제에서 **광..어..양식, 외국인 소유,, 제척.. 50만원.. 취득에 따른 등기는 등록면허세**
> **과세** 광..어.., 양식 외국인 소유,, 제척.. 50만원이 없는 취득에 따른 등기는 등록면허세 과세하지 않는다.

③ 등기·등록의 원인이 무효 또는 취소되어 그 등기·등록이 말소되는 경우에는 이미 성립된 납세의
무에는 아무런 영향을 미치지 않는다.

④ 비과세

　㉠ 국가, 지방자치단체의 자기를 위한 등기·등록 ⇨ 비과세

　　· 외국정부는 상호 면세주의에 의한다.

　㉡ ...법원의 촉탁으로 인한 등기 또는 등록 ⇨ 비과세

　㉢ 행정구역의 변경, 주민등록번호의 변경, 지적(地籍) 소관청의 지번 변경... 담당 공무원의 착
오로 인한 경정등기 ⇨ 비과세

　㉣ **지목이 묘지인 토지** ⇨ 비과세

⑤ **등록에 대한 등록면허세의 납세의무자** : 등록을 하는 자

√ 문제푸는 요령 ☞

> 문장을 보면서 서류에 잉크 묻힌 자가, 그 등기한 자가 등록면허세 납세의무자이다.
> ㉠ ...○○권...... ⇨ **OO권자 (저당권 ⇨ 저당권자인 은행)**
> ㉡ ...○○권 말소...**설정자인 소유자**
> ㉢ ...채권자 대위..납세의무자는....⇨ 소유자, 신고납부의 문제인 경우에는 납세의무자인 소유자를 대신하
> 여 신고납부할 수 있다.

⑥ 등록에 대한 **등록면허세의 과세표준은 등록** 당시의 가액으로 한다. 이는 등록자의 **신고에 따른다.**

　㉠ 신고가 없거나 신고가액이 시가표준액에 미달하는 경우에는 그 등록당시의 시가표준액에 의한다.

> 등록면허세 과세되는 **광..어..양식, 외국인 소유,, 취득가액이 50만원 이하**의 등록면허세 과세
> 표준은 취득세의 **취득당시가액**에 따른다. 단, **제척기간만료...**는 취득당시 가액과 등록당시 가액 중
> 높은 가액으로 한다.

　㉡ 자산**재평가 또는 감가상각**으로 가액이 달라진 경우 : 자산재평가 또는 감가상각 등의 사유로 **변경**
된 가액을 과세표준액으로 한다.

　㉢ **말소등기**, 지목**변경등기**, 건물구조변경등기, 토지의 합필등기 등은 매 1건을 과세표준으로 하
여 **6,000원으로 부과**한다.

　㉣ 각 등기등록의 경우 과세표준과 세율

권 리	등기원인구분	과세표준	세 율
소유권	보존등기	부동산가액	1,000분의 8
	상속	부동산가액	1,000분의 8
	증여	부동산가액	1,000분의 15
	유상	부동산가액	1,000분의 20
기타의 등기	....말소, 지목변경	매 1건당	6,000원

지상권	부동산 가액	전세권	전세금액
가등기, 가처분·가압류· 저당권·경매신청	채권금액 채권금액을 알 수 없을 때 : 처분제한목적이 된 금액	지역권	요역지
임차권	**월임대차금액**	**월세로 기억**하면 보증금은 아니다를 알 수있겠죠.	

주의 유상거래를 원인으로 **주택**을 취득하는 경우에 따른 세율을 적용받는 경우에는 **해당 주택의 취득세율**에 **100분의 50을 곱한 세율을 적용**하여 산출한 금액을 그 세액으로 한다.

참고 등록에 대한 등록면허세에서의 **중과세율**

- **대도시 내**에 해당되는 경우 그 세율을 표준세율의 **100분의 300**으로 한다.
- 중과세 제외 ⇨ 대도시 **중과 제외 업종(은행, 유통, 의료, 전기)**은 중과 제외한다(제28회, 제29회 기출).

19. key | 재산세

제3회, 제6회, 제7회, 제8회, 제12회, 제14회, 제15회, 제16회, 제18회, 제20회, 제21회, 제22회, 제24회, 제25회, 제26회, 제27회, 제28회, 제29회, 제31회, 제32회, 제33회, 제34회 기출

① 재산세는 **재산(토지·건축물·주택·선박·항공기)**의 보유 - 사용·수익을 세원, 지방세로서 시·군·구세
② 부과징수방법은 **보통징수방법**에 의한다. 보통징수방법이란 지자체가 세액산정 고지서발부로 징수하는 방법으로 **재산세는 신고관련 가산세 규정이 없다. 수정신고, 기한후 신고 규정 없다.**
③ 물건별 과세를 원칙

> 재산세를 장수하고자 하는 때에는 토지, 건축물, 주택, 선박 및 항공기로 **구분한** 납세고지서에 과세표준과 세액을 기재하여 늦어도 납기개시 5일전까지 발부하여야한다.

   ⑦ 주택

   주택이란 주택과 **토지를 합한** 1물건으로 하여 0.1%~0.4%의 **누진세율을 적용**하여 **주택별로 세액** 산정한다.

    √ 문제푸는 요령 ☞

> 주택이란 단어에는 부수토지를 합한 의미가 있다는 것을 꼭 상기하여
> 주택건물과 과 부수토지를 한 물건으로 하여 주택에 대한 재산세로 과세함을 기억
>
> ∴주택 = 주택+이에 딸린 토지
>
> 만약 문제상 **주택**이란 단어가 있으면 뒤에서는 **주택과 토지를 합한**으로 나오면 맞다하시고,
> 주택과 토지를 구분하여 ⇨ ×   **주택 부수토지는** 토지에 대한 재산세로 과세 ⇨ ×
> 주택은 건축물의 재산세로 과세 ⇨ ×

1세대 1주택에 대한 특례

1. 1세대 1주택(시가표준액 9억원 이하 주택에 한정)에 대하는 0.05%~0.35% 누진세율을 적용한다.
2. 1세대1주택 판단할 때 신탁된 주택은 위탁자의 주택 수에 가산
3. 탄력세율이 적용된 세액이 1주택 특례적용한 세액보다 적은 경우는 탄력적용한 세율로 한다.

ⓐ 다가구 주택의 경우에는 1세대가 독립하여 구분사용 할 수 있도록 **구획된 부분**을 1구의 <u>주택으로</u> 본다.

ⓑ 1인이 여러 개의 주택을 보유한 경우 **독립된 매 1구의 주택마다 세액산정**

ⓒ **주택**을 2인 이상이 공동으로 소유하거나 토지와 건물의 소유자가 다를 경우 당해 주택에 대한 세율을 적용함에 있어서는 당해 **주택의 토지와 건물의 가액을** **합산한** 과세표준액에 0.1%~0.4%의 초과누진세율을 적용한다.

ⓛ 건축물

건축물이란 주거이외 용도의 건축물로 상가건물, 공장용 건물을 말하므로 **건축물은 이에 따른** **부수토지와는 구분**한다. **건축물에는 주택은 제외**한다.

ⓐ 건축물 세율: 0.25%

ⓑ 예외
- 시내 주거지역 내 공장용 건축물: 0.5%
- 과밀억제권역 내 공장 건축물의 신설 증설의 경우: 0.25%의 5배
- 고급오락장 건축물, 회원제 골프장 건축물: 1,000분의 40(4%)

참고 재산세의 겸용 주택

1. 1**동**의 건물이 주거와 주거이외의 용도에 사용되는 경우에는 **주거용에 사용되고 있는 부분만**을 **주택으로 보며**
2. 1**구**의 건축물이 주거와 주거외의 용도에 겸용되는 경우에는 **주거용으로 사용되는 면적이 전**체의 **100분의 50 이상**인 경우에는 주택으로 본다.
3. 건축물에서 **허가** 등이나 사용승인(임시사용승인을 포함한다)을 **받지 아니**하고 주거용으로 사용하는 면적이 전체 건축물면적(허가 등이나 사용승인을 받은 면적을 포함한다)의 100분의 50 이상인 경우에는 그 건축물 전체를 주택으로 보지 아니하고, 그 부속**토지는** 종합합산에 해당하는 토지로 본다.

ⓔ 토지

주택을 제외한 모든 토지이다(미등록 토지 포함).

④ **재산세의 과세표준**: 과세기준일 시점의 재산의 가액(신고가액×, 장부가액×)

문제가 재산세의 과세표준일 때
부동산이면 그 **시가표준액**에 **공정**시장가액 비율(토지 또는 건축물은 70%, 주택은 60%을 곱한 가액을 과세표준으로 한다. 단, 주택의 과세표준이 과세표준 상한액보다 큰 경우는 과세표준 상한액으로 한다. ⇨ 선박, 항공기의 경우는 시가표준액이 과세표준이다.

⑤ 재산세 부담의 상한

당해 재산에 대한 재산세의 산출세액이 **직전연도**의 당해재산에 대한 재산세액 상당액의 100분의 150을 초과하는 경우에는 100분의 150에 해당하는 금액을 당해연도에 징수할 세액으로 한다. 다만, **주택은 제외**한다.

√ 문제푸는 요령 ☞

> 재산세의 문제에서 ,.,"**직전년도**"라는 단어를 개별적 문제Key로 "**세부담의 상한**" 문제이구나 하고, 문장에서 **주택 단어가 있으면** 제외. **주택 단어가 없으면** 일반적 경우로 100분의 150 하면 된다.

⑥ 소액징수면제

고지서 1매당 재산세로 징수할 세액이 **2,000원 미만**인 때에는 당해 재산세를 징수하지 않는다(세목별 판단). **주의** 재산세로 징수할 세액이 2,000원인 경우는 징수 한다.

---

20. key 재산세 납세의무자

제5회, 제7회, 제10회, 제11회, 제12회, 제13회, 제14회, 제15회, 제18회, 제19회, 제21회, 제22회, 제23회, 제24회, 제25회, 제26회, 제27회, 제28회, 제29회, 제31회, 제32회 제33회 기출

1. 원 칙
과세**기준일(매년 6월 1일)** 현재 과세대상 재산을 사실상 소유하고 있는 자

① 재산의 소유권 변동되었으나 과세기준일까지 그 **등기가 되지 아니한** 재산의 **공부상 소유자**가 과세기준일부터 15일 이내에 그 소재지를 관할하는 지방자치단체의 장에게 증거자료를 갖추어 **신고**함으로 인하여 사실상소유자를 판단한다.

② **소유권 변동된 년도의 재산세 납세의무자**

> ㉠ 6월 1일 전에 잔금지급일이 있는 경우의 해당년도의 사실상소유 ⇨ 매수인
> ㉡ 6월 1일 후에 잔금지급일이 있는 경우의 해당년도의 사실상소유자 ⇨ 매도인
> ㉢ 6월 1일 = 잔금지급일 ⇨ 매수인
> ㉣ 개인·법인 모두 잔급지급일은 사실상 잔금지급일(사실상 잔금지급일 전에 등기한 경우 등기일로 판단한다)

2. 예 외
① ....신고하지 아니하여...... 공부상 소유자
② 상속.........신고하지 아니하여...주된 상속자(민법상 상속지분 큰 자-연장자 순서로 판정)
③ **국가·지방자치단체**·지방자치단체조합과 재산세 과세대상 재산을 **연부로** 매매계약을 체결하고 그 재산의 사용권을 **무상**으로 받은 경우에는 **매수계약자**를 납세의무자로 본다. **국가**·지방자치단체·지방자치단체조합과 재산세 과세대상 재산을 **선수금을 받아** 매매계약을 체결하고 그 재산의 사용권을 **무상**으로 받은 경우에는 **매수계약자**를 납세의무자로 본다.

④ 신탁법 .... 위탁자(지역주택조합 및 직장 주택조합이 조합원으로 납부한 금전으로 매수하여 소유하고 있는 경우에는 해당 지역주택조합 및 직장주택조합을 말한다)

⑤ ....체비지 또는 보류지: 사업시행자

⑥ ....소유권이 귀속이 분명하지 아니하여 : 사용자

⑦ ...공유.....지분권자(지분의 표시가 없는 경우에는 지분이 **균등**)

21. key 토지에 대한 재산세

① **주택을 제외**한 토지를 종합합산 별도합산 분리과세로 구분하여 과세

② 종합합산·별도합산·분리과세의 구분

㉠ 토지 활용도와 소재된 지역의 용도와 일치 ⇨ 분리

(분리과세되는 농지, 목장, 임야의 세율은 0.07%, 공장토지의 세율은 0.2%)

　ⓐ **법인 소유의 농지는 종합합산**

　　• ○○업 법인 소유농지인 경우는 업종과 일치인 경우 분리과세

　　• 업종과 불일치한 경우는 종합합산

　　　ex) **농업법인** 소유 농지- 분리과세, 제조업 법인 농지-종합합산

　　• 사회복지사업자의 복지시설에 공하기 위한 소비용 농지- 분리과세

　　• 한국농촌공사 소유 농가공급용 농지- 분리과세

　　• **종중**소유 농지-분리과세

　ⓑ 임야 : **환경과 관련된 구역** 내 · 물 관련 구역 내 임야-분리과세

　　종중 소유 임야 ⇨ 분리과세

　　자연환경지구 내의 임야, 문화재보호구역 내의 임야 ⇨ 분리과세

　　• 개발제한구역 내의 임야 ⇨ 분리과세, 상수원보호 구역 내의 임야 ⇨ 분리과세

㉡ 토지 활용도와 소재된 지역의 용도와 **不 일치** ⇨ **종합합산**(0.2%~0.5%의 누진세율)

　단, 공장용 토지는 지역의 용도와 **不 일치** 한 경우 **별도합산**(0.2%~0.4%의 누진세율)

㉢ ...**초과** ..... : 종합합산

㉣ **영업 관련 토지** : 별도 합산

　ⓐ 여객자동차운송사업의...차고용 토지

　ⓑ ...자동차운전학원의 자동차운전학원용 토지

　ⓒ ...관광사업자가...시설기준을 갖추어 설치한 박물관·미술관·동물원·식물원의 야외전시장용 토지

　ⓓ 장사 등에 관한 법률에...법인묘지용 토지

　ⓔ ...스키장 및 대중 골프장용 토지 중 원형이 보전되는 임야

㉤ 산업 관련 토지(00공사)-분리 과세-0.2%

　ⓐ 국가 및 지방자치단체 **지원을 위한 특정목적 사업용 토지**로서 대통령으로 정하는 토지

　　　　　　　　　↳ **군대** 관련

　　• 「방위사업법」 제53조에 따라 **허가받은 군용화약류시험장용 토지**와 그 허가가 취소된 날부터 1년이 지나지 아니한 토지

ⓑ 에너지·자원의 공급 및 방송통신, 교통 등의 기반 시설용 토지로서 대통령으로 정하는 토지(**염전**, 여객자동차 **터미널, 물류터미널** ⇨ 분리과세, 세율은 **0.2%**)

- 과세기준일 현재 계속 **염전**으로 실제 사용하고 있거나 계속 염전으로 사용하다가 사용을 폐지한 토지
- 「여객자동차 운수사업법」에 따라 면허 또는 인가를 받은 자가 계속하여 사용하는 **여객자동차 터미널 및 물류터미널용 토지**
- 전원개발사업 실시계획에 따라 취득한 토지 중 발전시설 또는 송전·변전시설에 직접 사용하고 있는 토지

ⓒ 국토의 효율적 이용을 위한 개발사업용 토지로서 대통령으로 정하는 토지
  ⇨ 주택개발, 전기
- 「주택법」에 따라 <u>주택건설사업자 등록</u>을 한 주택건설사업자가 주택을 건설하기 위하여 「주택법」에 따른 사업계획의 승인을 받은 토지로서 주택건설사업에 제공되고 있는 토지
- 「부동산투자회사법」에 따라 설립된 부동산투자회사가 목적사업에 사용하기 위하여 소유하고 있는 토지

ⓓ 지역경제의 발전, **공익성 정도 등을** 고려하여 분리과세하여야 할 상당한 이유가 있는 토지로서 대통령으로 정하는 토지

ⓗ 고급오락장, 회원제골프장 토지 : 분리과세
  (세율은 토지든 건축물이든 4%)

ⓢ 종합합산 : **나대지. 무허가 건축물의 부속토지**, 잡종지

22. key 재산세의 비과세

1. 국가, 지방자치단체의 소유에 속하는 재산 - 비과세
   참고 외국정부는 상호 면세주의에 의한다.
2. **국가, 지방자치단체가 1년 이상 공공용으로 무상사용 재산 - 비과세**
   국가, 지방자치단체가 1년 이상 공공용으로 유료사용 - 과세
3. **도로·하천·제방·구거·유지 및 묘지 - 비과세**
   ① 도로 ⇨ **사설도로를 포함하여 비과세 하나**, 휴계시설의 도로·대지 안의 공지는 과세
   ② 제방 ⇨ 특정인이 전용하는 제방은 과세
4. **산림보호법에 따른 산림보호구역**, 그밖에 공익상 재산세를 부과하지 아니할 타당한 이유가 있는 토지
   - 비과세
   ① ...군사시설 보호구역 중 통제보호구역에 있는 토지(임야) - 비과세
     ㉠ 다만...통제보호구역에 있는 전·답·과수원 및 대지는 과세한다.
   ② 산림보호법에 따라 지정된 산림보호구역...**채종림**.시험림-비과세
   ③ 자연공원법에 따른 <u>공원자연보존지구의 임야</u> - 비과세
   ④ ...백두대간보호지역의 임야 - 비과세
5. **재산세 과세기준일 현재 1년 미만**의 임시 건축된 **건축물**
   ↳ 토지, 사치성재산과세
6. 행정관청으로부터 철거명령 받은 건축물·주택건물
   ↳ 토지는 과세

사치성재산인 회원제 **골프장, 고급주택, 고급오락장 및 고급선박 단어가 문장에 있으면 과세. 수익사업에 사용되는 경우도 과세**

23. key 　종합부동산세

> 종합부동산세
> ① 종합부동산세는 국세이다.
> ② 종합부동산세는 **소유자**에 대해 **전국의 토지 또는 주택**의 가액을 합산한 금액을 기준으로 하여 **초과누진세율을 적용**하므로 인세성격을 지닌 조세
> ③ 종합부동산세는 과세권자가 세액을 **결정**하여 고지서 발부에 의해(**납부기간 12월 1일~12월 15일**) 징수하는 국세로서 보통세·직접세이다(**신고하고자 하는 자** - 납부기간 내에 **신고**한다).

> 고지서 발부는 납부 개시 5일 전까지 발부
> 고지서 발급 : 관할세무서장은 종합부동산세를 징수하려면 납부고지서에 주택 및 토지로 **구분한** 과세표준과 세액을 기재하여 **납부기간 개시 5일 전까지 발급**하여야 한다.

- 종합부동산세는 무신고 가산세는 없으나, 신고하고자하는 자가 과소신고한 경우는 과소신고 가산세가 가산된다.

④ 종합부동산세와 관련이 없는 물건

　√ 문제푸는 요령 ☞

> 재산세의 비례세율적용 물건은 종합부동산세와 관련 없다.

> 중요 종합부동산세와 관련이 없는 물건
> **건축물**(만약 문장이 건축물의 부수토지로 끝난 경우는 별도합산으로 과세대상물에 속한다)
> 등록문화재주택, **분리과세 되는 토지**, 임대주택(소유한 자가 과세기준일 현재 그 주택에 주민등록이 있고 실제로 거주한 경우에 한하여 1세대가 소유한 주색 수에서 제외된다)
> 종업원 기숙사 및 사택, 주택건설사업자의 미분양 주택, 가정어린이집, **고급오락장, 회원제 골프장**

> 중요 임대주택, 사택, 등록문화재 주택 등을 보유한 납세의무자는 해당 연도 9월 16일부터 9월 30일까지 대통령령으로 정하는 바에 따라 납세지 관할세무서장에게 해당 **주택의 보유현황을 신고**하여야 한다.

⑤ 부동산 보유세인 재산세와 과세방법 비교

1차 : 재산세 (시·군·구)	2차 : 종합부동산세 (국가)
주택 ⇨ **주택별** 개별 과세	과세기준일 현재 국내의 재산세 과세대상 중 **소유자별 주택의 공시가격을 합한 금액이 9억원 초과분**을 과세
종합합산 ⇨ 시·군별 소유자별 합산	과세기준일 현재 **국내소재 종합합산과세대상** 토지의 공시가격을 **소유자별** 합한 금액이 5억원 초과분 과세
별도합산 ⇨ 시·군별 소유자별 합산	과세기준일 현재 **국내소재 별도합산과세대상** 토지의 공시가격을 소유자별로 합한 금액이 80억원 초과분은 과세
건축물 ⇨ 건축물별 개별 과세	과세 제외

재산세의 과세방식은 종합부동산세와 달리 주택은 주택별 개별 과세, 토지는 시·군·구별 인별합산하여 과세한다.

⑥ 종합부동산세 세액산정

㉠ 토지에 대한 종합부동산세 세액산정

구 분	종합합산	별도합산
과세표준	(공시가격 합계액 − 5억원) × 공정시장가액비율(100%)	(공시가격 합계액 − 80억원) × 공정시장가액비율(100%)
세 율	1%~3%의 누진세율	0.5%~0.7%의 누진세율
공 제	토지분 종합합산 과세표준금액에 대하여 토지분 재산세액으로 부과된 세액은 토지분 종합합산세액에서 공제한다.	토지분 별도합산 과세표준금액에 대하여 토지분 재산세액으로 부과된 세액은 토지분 별도합산세액에서 공제한다.

토지분 재산세로 부과된 세액: 탄력세율이 적용된 경우에는 그 세율이 적용된 세액, 세부담 상한을 적용받은 경우에는 그 상한을 적용받은 세액을 말한다.

㉡ **주택에 대한 종합부동산세 세액산정**

구 분	일 반		1세대 1주택자
과세표준	(주택의 공시가격합계액 − **9억원**) × **공정시장가액비율(60%)**		(주택의 공시가격 합계액 − 9억원 **− 3억** 원) × **공정시장가액비율(60%)**
세 율	**2주택 이하 ⇨ 0.5%~2.7% 누진세율**		
	3주택 이상 ⇨ 0.5%~5% 누진세율		
	법 인	**2주택 이하 ⇨ 2.7%**	
		3주택 이상 ⇨ 5%	
공 제	**주택분 종합합산 과세표준금액에 대하여 주택분재산세액으로 부과된 세액은 주택분 종합합산세액에서 공제한다.**		

"1세대 1주택자"란 세대원 중 1명만이 주택분 재산세 과세대상인 1주택만을 소유한 경우로서 그 주택을 소유한 거주자를 말한다. 이 경우 다가구주택은 1주택으로 본다.

㉢ **주택 수 계산**

ⓐ 1주택을 여러사람이 **공동으로 소유**한 경우 ⇨ 공동소유자 **각자가** 그 주택을 소유한 것으로 본다.

ⓑ 다가주택 ⇨ 1주택으로 본다.

ⓒ 1주택과 다른 주택의 부수토지를 함께 소유한 경우는 1세대 1주택자로 본다.

ⓓ 1주택과 다음의 어느 하나에 해당하는 **상속주택**을 함께 소유한 경우에는 1세대 1주택자로 본다.
- 과세기준일 현재 상속개시일부터 5년이 경과하지 않은 상속주택
- 지분율이 100분의 40 이하인 상속주택
- 지분율에 상당하는 공시가격이 6억원(수도권 밖의 지역에 소재하는 주택의 경우에는 3억원) 이하인 상속주택

ⓔ 일시적 2주택의 경우: 1세대 1주택자가 1주택을 양도하기 전에 다른 주택을 대체 취득하여 일시적 2주택이 된 경우로 과세기준일 현재 **신규주택 취득일로부터 3년이 경과되지 아니한** 경우에는 **1세대 1주택자**로 본다.

ⓕ 지방저가주택: 1주택과 **공시가액 3억원 이하의 지방 저가주택**을 함께 소유하고 있는 경우에는 1세대 1주택자로 본다.

> 지방저가주택: 다음 각 호의 요건을 모두 충족하는 1주택을 말한다.
> 1. 공시가격이 3억원 이하일 것
> 2. 수도권 밖의 지역으로서 다음 각 목의 어느 하나에 해당하는 지역에 소재하는 주택일 것
>   가. 광역시 및 특별자치시가 아닌 지역
>   나. 광역시에 소속된 군
>   다. 「세종특별자치시 설치 등에 관한 특별법」 제6조 제3항에 따른 읍·면

ⓖ 배우자와 공동명의 1세대 1주택: 1세대 1주택자로 본다.

상속주택, 일시적 2주택, 지방 저가주택, 부부 공동명의 1주택 ⇨ 당해 연도 9월 16일부터 9월 30일까지 관할세무서장에게 1주택 **신청**하여야 한다.

주의 혼인에 의한 2주택, 노부모봉양에 의한 2주택은 1주택 신청하지 아니한다.

ⓗ 세액공제

연령 세액공제	보유 세액공제
만 60세 이상 + 1세대 1주택자	5년 이상 보유 + 1세대 1주택자
• 60세 이상~65세 미만 : 20%	• 보유 5년 이상~10년 미만 : 20%
• 65세 이상~70세 미만 : 30%	• **보유 10년 이상~15년 미만 : 40%**
• 70세 이상 : 40%	• **보유 15년 이상 : 50%**
암기 : 5년 간격 2. 3. 40 연령	암기 : 5년간격 이 사 오 시면 보유
연령세액공제와 보유세액공제는 중복적용(합계 80% 범위)	

참고 보유기간 산정

원 칙	취득일~해당년도 기준일까지
예 외	소실(燒失)·도괴(倒壞)·노후(老朽) 등으로 인하여 멸실되어 재건축 또는 재개발하는 주택에 대하여는 그 멸실된 주택을 취득한 날부터 보유기간을 계산한다. 배우자로부터 상속받은 주택에 대하여는 피상속인이 해당 주택을 취득한 날부터 보유기간을 계산한다.

⑦ 세부담상한

㉠ 직전년도에 당해 주택, 토지에 부과된 종합합산·별도합산과세대상인 토지에 대한 총세액상당액으로서 100분의 150을 초과하는 경우에는 그 초과하는 세액에 대하여는 이를 없는 것으로 본다.

㉡ 주택의 세부담상한

개인 2주택 소유	직전년도에 당해 주택에 부과된 주택에 대한 총세액상당액으로서 100분의 150을 초과하는 경우에는 그 초과하는 세액에 대하여는 이를 없는 것
법인 2주택 소유	세부담 상한 없음
3주택 이상 (법인 포함)	직전년도에 당해 주택에 부과된 주택에 대한 총세액상당액으로서 100분의 150을 초과하는 경우에는 그 초과하는 세액에 대하여는 이를 없는 것

24. key 부동산 임대소득

제19회, 제20회, 제22회, 제23회, 제24회, 제25회, 제28회, 제31회, 제33회, 제34회 기출

> **소득세**
>
> 개인에게 1과세 기간 내에서 발생한 이자소득·배당소득·근로소득·사업소득·연금소득·기타소득은 그 개인에 발생한 다른 소득과 합산하여 종합소득세로 과세한다.
>
> **주의** 양도소득은 다른 소득과 합산하지 않고 **구분**과세하는 분류과세를 채택하고 있다.

1. 사업소득 중 부동산임대업 소득(미등기인 경우도 과세)

① 부동산과 부동산상의 권리**(지상권과 지역권 포함)** 대여로 인해 발생한 소득은 부동산임대소득이다.

> **참고** 공익사업과 관련된 지역권·지상권의 설정·대여소득은 **기타소득**으로, 그밖의 **지역권·지상권의 설정·대여소득**은 부동산임대 사업

② 공장재단 또는 광업재단의 대여 소득은 부동산임대업 사업소득

> **참고** 공장재단 등과 분리하여 일부 기계만을 대여하는 경우 ⇨ **리스업에 대한** 사업소득이다.

③ 광업권자, 조광권자 또는 덕대의 채굴에 관한 권리 대여로 인해 발생한 소득은 부동산임대소득이다.

④ 자기소유의 부동산을 타인의 담보물로 사용케 하고 받는 대가로 인해 발생한 소득은 부동산임대소득이다. (제24회 기출)

⑤ 부동산 매매업자 또는 건설업자가 판매를 목적으로 취득한 토지 등의 부동산을 일시적으로 대여하고 얻은 소득은 부동산임대소득이다.

⑥ 광고용으로 토지·가옥의 옥상 또는 측면을 사용케 하고 받는 대가로 인해 발생한 소득은 부동산임대소득이다.

2. 부동산임대소득의 비과세

> ① 전답을 작물생산에 이용하게 함으로 발생하는 소득 ⇨ 비과세
>
> 농지세와 이중과세를 방지목적으로 비과세, **전답을 작물생산이 아닌 다른 용도(주차장·하치장 등)로 이용**하게 하고 받는 소득은 과세

> ② 비과세되는 주택의 임대소득
>
> 비과세 주택임대소득이란 **1개의 주택을 소유하는 자가 해당 주택(주택부수토지를 포함한다)을 임대하고 지급받는 소득**(고가주택의 임대소득은 제외한다)을 말한다. 다만, 국외에 소재하는 주택의 임대소득은 주택 수에 관계없이 과세한다.
>
> ㉠ 주택 수는 ⓐⓑⓒ에 따라 계산한다.
>
> ⓐ 다가구주택은 1개의 주택으로 보되, 구분 등기된 경우에는 각각을 1개의 주택으로 계산
>
> ⓑ 공동소유의 주택은 지분이 가장 큰 자의 소유로 계산하되, 지분이 가장 큰 자가 2인 이상인 경우에는 각각의 소유로 계산(고가주택은 각자 소유)
>
> ⓒ 본인과 배우자가 각각 주택을 소유하는 경우에는 이를 합산
>
> ㉡ 고가주택
>
> "고가주택"이란 과세기간 종료일 또는 해당 주택의 양도일 현재 **기준시가** 12억원을 초과하는 주택을 말한다.
>
> **주의** 1주택으로 고가주택의 임대인 경우 사업소득으로 과세 되는데, 전세금은 과세하지 않고, 월세에 대해 과세

3. 부동산임대소득금액

부동산임대소득금액은 당해연도의 총수입금액에서 이에 소요된 필요경비를 공제한 금액으로 한다.

① 총수입금액계산

총수입 금액 = 임대료 등 + 간주임대료 + 기타수입

㉠ 임대료 등 : 해당 과세기간에 월세 등의 수입금액을 말한다.

> 부동산임대소득의 수입시기
> 부동산임대소득에 대한 총수입금액의 수입할 시기는 다음 날로 한다.
> 1. 계약 또는 관습에 의하여 지급일이 정하여 진 것은 그 정하여진 날을 부동산임대소득에 대한 총수입금액의 귀속시기로 한다.
> 2. 계약 또는 관습에 의하여 지급일이 정하여지지 아니한 것은 그 지급받은 날을 부동산임대소득에 대한 총수입금액의 귀속시기로 한다.

ⓐ 부동산임대소득이 있는 거주자가 해당 사업용 자산의 손실로 인하여 취득하는 **보험차익은 총수입금액에 산입**한다.

ⓑ 임대료 **이외의 유지비, 관리비**를 받는 경우에는 이를 총수입금액에 **산입**한다.

ⓒ 전기료, 가스료, 수도료 등의 공공요금은 총수입금액에 산입하지 아니하나, 공공납부요금을 **초과하는 금액은** 총수입금액에 **산입한다.**

㉡ **간주 임대료**

ⓐ 거주자가 부동산 또는 그 부동산 권리 등을 대여하고 보증금·전세금 또는 이와 유사한 성질의 금액(이하 보증금이라 한다)을 받은 경우는 다음 산식에 따라(**간주임대료) 계산한 금액을 총수입금액에 산입**한다.

> • 간주임대료=(해당과세기간의 적수-임대용 부동산의 건설비 상당액의 적수×1/365×정기예금이자율-해당 과세기간의 해당 임대사업부문에서 발생한 금융수익(=수입이자와 할인료 및 배당금의 합계액)
> • 임대용 부동산의 건설비 상당액은 해당 건축물의 취득가액을 말하며, 자본적 지출을 포함하고 재평가차액을 제외한 금액으로 한다.
> • 간주임대료 계산할 때 **공제되는** 임대사업부문에서 발생한 **금융수익은** 수입이자와 할인료 및 배당금의 합계액을 말한다. 여기에는 **유가증권의 처분이익은 포함되지 않**는다.

ⓑ 단, **주택을 대여하고 보증금(= 전세금)을 받은 경우는 간주임대료로 총수입금액에 포함되지 아니한다.**

[중요] **주택을 임대하고 받은 보증금이 간주 임대료로 포함 되는 경우: 3주택 이상+ 보증금의 합계액이 3억원 초과 경우**이다. 주택을 대여하고 보증금 등을 받은 경우에는 **3주택**[주거의 용도로만 쓰이는 면적이 1호(戸) 또는 1세대당 40제곱미터 이하인 주택으로서 해당 과세기간의 기준시가가 2억원 이하인 주택은 2025년 12월 31일까지는 주택 수에 포함하지 아니한다] **이상**을 소유하고 해당 **주택의 보증금 등의 합계액이 3억원을 초과**하는 경우에 한하여 간주임대료를 계산한다(소득세법 제25조 제1항, 소득세법시행령 제53조 제3항·제4항)

ⓒ 결손금 공제 : 해당 과세기간의 **주거용 건물 임대업을 제외**한 부동산임대업에서 발생한 결손 금은 그 과세기간의 종합소득과세표준을 계산할 때 **공제하지 않**는다.

② 주택 임대업에서 발생한 수입금액의 과세하는 방법

> 해당 과세기간에 **주거용 건물** 임대업에서 발생한 수입금액의 합계액이 **2천만원 이하인 자**의 **주거용 임대소득**은 종합과세와 **14% 분리과세 중 하나를 선택하여 적용**한다(소득세법 제64조의2 제1항).

25. key 양 도

제3회, 제9회, 제11회, 제12회, 제13회, 제14회, 제15-2회, 제16회, 제17회, 제18회, 제19회, 제20회, 제21회, 제23회, 제24회, 제25회, 제26회, 제28회, 제34회 기출

1. 양도의 의의
양도란 과세대상물을 등기·등록에 관계없이 매도·교환·현물출자·대물변제·경매·수용·부담부증 여 등으로 인하여 그 자산이 유상으로 사실상 이전되는 것을 말한다.

> • 소유권 이전한 자는 개인이어야 한다.
> • 과세대상물 + 유상 + 사실상 소유권 이전

양도소득은 **고정자산**(= 사용 자산)의 보유이득이 양도에 의하여 일시에 실현된 것을 과세하는 **국세**이다.

> 주의 만약 판매목적으로 보유된 자산을 양도한 경우는 사업소득으로 다른 소득과 합산하여 **종합소득세가 과세**됨에 유념해야 한다.

2. 양도소득세의 과세대상물
① 사용되는 자산으로서 부동산이 해당되므로
무체재산권(광업권, 어업권, 영업권), 준 부동산(차량·기계장비·항공기·선박)은 포함되지 않는다.

② 양도소득세의 과세대상물

> 양도소득세 과세대상
> 1. 토지와 건물
> 2. 부동산에 관한 권리
>   ① 지상권
>   ② 전세권
>   ③ **등기된** 부동산임차권
> √ 문제푸는 요령 ☞
> **지역권**은 양도소득세 **과세아니며**, 임차권은 꼭 **등기된 경우**에 한한다.
>   ④ 부동산을 취득할 수 있는 권리
>   ㉠ 아파트분양권
>   ㉡ 조합원입주권

   © 토지상환채권·주택상환채권

   © 부동산매매계약을 체결한 자가 계약금만 지급상태에서 양도하는 권리

√ **문제푸는 요령** ☞

> ○○채권에서 채권 앞에 상환 단어가 있으면서 부동산이 나오면 부동산취득권리로 과세 대상이다. 상환 단어가 없는 채권. 즉, 부동산 채권은 현금취득권리로 양도소득세 과세대상이 아니다.

3. 대주주의 상장주식

4. 비상장주식 및 출자지분

5. 파생상품

6. 기타 자산

 ① 특정주식 : 소유주식수 50%+부동산차지비율 50%+양도비율 50%

 ② 특정업종 영위 법인의 주식 : 휴양업법인+부동산차지비율 80%+1주식의 양도

 ③ 특정시설물 **이용·회원권** (권리가 부여된 주식 포함)

 ④ 특정영업권 : 사업용 **고정자산**과 **함께** 양도하는 **영업권**

 ⑤ **토지·건물**과 **함께** 양도하는 이축권

  (해당 **이축권** 가액을 대통령이 정하는 방법에 따라 **별도로** 평가하여 신고한 경우는 **제외**)

7. **신탁수익권** : 신탁 **수익권의 양도**를 통하여 신탁재산에 대한 지배·통제권이 사실상 이전되는 경우는 신탁재산 자체의 **양도**로 **본다.**

참고 소득세법 제88조 제1호

> "**양도**"란 자산에 대한 등기 또는 등록과 관계없이 매도, 교환, 법인에 대한 현물출자 등을 통하여 그 자산을 유상으로 사실상 이전하는 것을 말한다. 이 경우 **부담부증여**시 수증자가 부담하는 **채무액**에 해당하는 부분은 **양도**로 보며, 다음 ①~③ 어느 하나에 해당하는 경우에는 **양도**로 **보지 아니**한다.
>
> ① 「도시개발법」에 따른 **환지처분**으로 지목 또는 지번이 변경되거나 **보류지(保留地)**로 충당되는 경우 ⇨ 양도가 아니다.
>
> ② **토지의 경계를 변경**하기 위하여 「공간정보의 구축 및 관리 등에 관한 법률」제79조에 따른 토지의 분할 등 대통령령으로 정하는 방법과 절차로 하는 토지 **교환**의 경우 ⇨ 양도가 아니다.
>
> ③ 위탁자와 수탁자 간 신임관계에 기하여 위탁자의 자산에 **신탁**이 설정되고 그 신탁재산의 소유권이 수탁자에게 이전된 경우로서 **위탁자가** 신탁 설정을 해지하거나 신탁의 수익자를 변경할 수 있는 등 신탁재산을 **실질적으로 지배하고 소유하**는 것으로 볼 수 있는 경우⇨ **양도가 아니다.**

③ 양도에 해당되는 경우

 ㉠ 매도·매각

 ㉡ 교환

 주의 교환의 취소·········양도가 아니다.

 (⇨ **교환**계약이 **취소**되었으나 선의의 제3취득자로 인해 소유권이전등기를 환원하지 못하는 경우는 양도에 해당하지 아니한다.)

 주의 **토지의 경계를 합리적으로 바꾸기 위해** 공간정보 구축 및 관리 등에 관한 법률에 따른 토지의 분할 등으로 인한 **교환은** 양도가 아니다(20% 초과하지 아니할 것).

√ 문제푸는 요령 ☞

...교환이 있는 문장에서 취소, 경계변경이 있으면 양도가 아니다. 없이 교환이란 글자가 있으면 양도 이다.
예) 토지 합필목적으로 한 교환 ---- 양도

- ㉢ **개인이 법인·조합에 대한 현물출자**
- ㉣ 수용
- ㉤ **대물변제**
  - ⓐ 이혼시 **위자료 지급** 갈음하여 과세대상물의 소유권이전
  - ⓑ 재산세의 물납
- ㉥ **경매·공매**(..경매...자기재취득은 양도가 아니다)
- ㉦ **부담부증여** 중 **채무액** 상당분 `주의` ....**부담부증여**...**채무 이외 나머지는 증여**

④ 양도에 해당하지 아니한 경우

- ㉠ **무상(상속·증여)**으로 소유권이전
  - `주의` 무상으로 받은 부동산을 **매각**한 경우 ⇨ 양도
- ㉡ ....명의**신탁**(증여추정) 및 **신탁**해지....

√ 문제푸는 요령 ☞

양도소득세의 양도문제에서....**신탁**이란 단어가 있던지..**위탁자**가 ...**실질적 지배** ..이 말이 있으면 **양도**가 아니다. **신탁 수익권의 양도**를 통하여 신탁재산에 대한 지배·통제권이 사실상 이전되는 경우는 **양도에 해당한다.**

`참고` 신탁재산에 대한 양도소득세 과세기준

위탁자가 신탁재산을 실질적 으로 지배·소유하는 경우	신탁 설정의 경우 양도로 보지 않음
위탁자가 신탁재산을 실질적 으로 지배·소유하지 않는 경우	신탁 설정의 경우 양도로 보아 양도소득세 과세

- ㉢ ....담보,,, **양도담보**
  - `주의` 채무자가 양도담보계약을 위배하거나 채무를 불이행 경우 ⇨ 양도
- ㉣ 공유지분 변경 없는 **공유물 분할** (재분할 포함)
  - `주의` **지분변경**이 있으면 지분의 감소로 양도이다.
- ㉤ 환지처분·보류지 충당(=보류지 증가)
  - `주의` 환지의 매각.보류지의 매각은 양도이다. 감환지-양도, 증환지는 취득
- ㉥ 매매원인 무효 소 등으로 인한 소유권 환원

㉦ **배우자 간 또는 직계존비속간**의 **부담부증여로 증여** 추정

√ 문제푸는 요령 ☞

배우자 간·직계존비속 간.. **대가입증, 파산선고, 교환, 경·공매**는 **유상**
배우자 간, 직계존비속 간, 대가입증, 파산선고, 교환, 공경매 단어 없이 다른 단어로 연결되면 **증여 추정**

참고⁺ 부담부증여

구 분	증여자	수증자
일반적 부담부증여	증여자의 채무를 수증자가 인수하는 경우 증여가액 중 **채무액**에 대해 **증여자가 양도소득세 납부**	증여재산가액에서 **수증자가 인수한 금액을 뺀**(=채무 외 나머지)금액으로 **수증자가 증여세 납부**
배우자간 또는 직계존비속간의 부담부증여	**채무액은 수증자에게 인수하지 않은 것으로 추정**	수증자가 증여재산가액 전체에 대해 증여세 납부

26. key 양도소득세의 비과세

제3회, 제5회, 제7회, 제8회, 제9회, 제11회, 제14회, 제15회, 제15-2회, 제16회, 제18회, 제21회, 제22회, 제23회, 제26회, 제27회, 제29회, 제30회, 제31회, 제32회, 제33회, 제34회 기출

양도소득세의 비과세(양도에는 해당되나, 국가정책상으로 과세하지 않는 경우이다)
· 파산선고에 의한 처분소득
· 농지의 교환 (농지 **차액이 고가농지의 4분의1 이하**인 경우)
· 지적 재조사에 의해 공부상 면적이 **감소된** 경우로 받은 조정금액
· 1세대 1주택의 양도

1. 1세대 1주택 및 부수토지의 양도
   ① 1세대 1주택의 양도로 인해 발생하는 소득

   > "1세대 1주택"이란 **1세대가** 양도일 현재 **국내에 1주택을 보유하고** 있는 경우로서 해당 주택의 **보유기간이 2년 이상**을 말한다. 단, 취득당시 조정지역 내의 1주택의 경우는 2년 보유기간 중에 2년 거주를 갖춘 경우에 2년 보유된 것으로 본다.

   ② 1세대
   ㉠ 1세대의 뜻 : 거주자 및 배우자가,,,,동일주소에서……
      참고⁺ 비거주자가 국내의 1주택을 2년 보유하고 **양도한** 경우 **과세**된다.
   ㉡ 1세대를 구성하려면 배우자가 있어야 하는 것이 원칙이다. 그러나 ⓐⓑⓒ 하나에 해당하는 경우에는 배우가 없는 때에도 1세대로 본다.
      ⓐ 납세의무자의 연령이 30세 이상인 경우
      ⓑ 종합소득·퇴직소득·양도소득이 「국민기초생활 보장법」에 따른 기준중위소득의 40% 이상으로서 소유하고 있는 주택 또는 토지를 관리·유지하면서 독립된 생계를 유지할 수 있는 경우
      참고⁺ 미성년자의 경우는 세대로 보지 않으나, 미성년자의 결혼, 가족의 사망 그밖에 재정경제부령이 정하는 사유로 1세대의 구성이 불가피한 경우에는 세대로 본다.

ⓒ 납세의무자의 배우자가 사망하거나 이혼한 경우

> • 비과세되는 1세대 1주택에 있어서 **부부가 각각 단독세대를 구성**하였을 경우에도 **동일한 세대로 본다.**

만약 문장에서 부부가 **이혼한** 경우로 나온다면 그땐 **각각세대**이다.

③ **양도시점의 국내의 1주택**

㉠ **국내의 1주택을 소유**하여야 하므로 **국외 주택은 주택 수에 포함하지 않고 과세**된다.

㉡ 양도시점의 주택이므로 나대지로 양도한 경우 또는 상가로 양도한 경우는 과세된다.

㉢ **2개 이상의 주택을 같은 날에 양도**하는 경우에는 당해 **거주자가 선택**하는 순서에 따라 주택을 양도한 것으로 본다.

㉣ **주 택**

ⓐ '주택'이란 양도일 현재 주거용으로 사용되는 건물과 그 부수토지(수도권지역 내 주거·상업·공업지역 주택정착 면적의 3배, 수도권지역 내 녹지·개발제한구역 수도권지역외 도시지역 내는 주택정착면적의 5배, 도시지역 밖은 10배)를 말한다.

ⓑ 주택인지 여부는 건축물 대장이나 등기부등본상의 용도에 관계없이 실질적인 용도에 따라 판단한다.

> • 사용인의 기거를 위하여 **공장에 부수된 건물을 합숙소로 사용**하고 있는 경우 당해 합숙소는 **주택으로 보지 아니**한다.
> • 관광용 숙박시설인 콘도미니엄은 주택에 해당되지 아니한다.
> • 소유하고 있던 공부상의 주택인 1세대 1주택을 거주용이 아닌 **영업용 건물로 사용**하다가 양도하는 때에는 1세대 1주택으로 **보지 아니**한다.

㉤ 주택수 판정

ⓐ 부부인 경우 : 주택수를 합산한다.

ⓑ 다가구주택의 경우

• 다가구주택,,,구획된 부문을 각각 하나의 주택
• 다가구 주택,,,하나의 매매단위로 ,,전체를 하나의 주택

ⓒ 1주택을 여러 사람이 **공동으로 소유**하는 경우에는 **각각** 개개인이 1주택을 소유하는 것으로 본다.

ⓓ 1주택을 둘 이상의 주택으로 **분할**하여 양도하는 경우에는 **1세대 1주택으로 보지 아니**한다.

ⓔ **겸용주택(=복합주택)**

• 주거부분이 주거 외 보다 클 때만 ⇨ **전부 주택**(단, 고가주택은 주거부문만 주택)
• **비주택면적 ≥ 주택면적 ⇨ 주택부분만 주택**

ⓕ 고가 주택(실지거래가 12억원 초과주택)

1세대 1주택 비과세요건을 갖춘 경우에도 고가주택에 해당하는 경우에는 양도소득세가 과세된다(만약 1세대 1주택에 해당되어 비과세 적용된 경우는 실가 12억원 초과에 대해 과세한다).

> 참고 부동산 임대에 대한 사업소득에서 비과세 제외되는 고가주택은 **기준시가** 12억원 초과를 말한다.

ⓗ 1주택의 특례 ⇦ 2주택이나 1주택으로 보는 경우

  ⓐ 일시적 2주택

  ,,,,,,,,,,,일시적 2주택,,, 종전의 주택을 취득한 날부터 1년 이상 지난 후 다른 주택을 취득하고 그 다른 주택을 취득한 날부터 **3년 이내**에 **종전의 주택을 양도**하는 경우에는 이를 1세대 1주택

  ⓑ 직계존속의 동거봉양으로 세대를 합쳐서 2주택이 된 경우

  ....60세 이상의 **직계존속을 동거봉양하기 위하여 세대를 합침**으로서 1세대가 2주택을 ,,,,,,,,합친 날부터 **10년 이내에 먼저 양도하는 주택**은 이를 1세대 1주택

  ⓒ 혼인으로 세대를 합쳐서 2주택이 된 경우

  ,,,,,,,,**혼인함으로써 1세대가 2주택**을 보유하게 되는 경우 각각 혼인한 날부터 **5년 이내에 먼저 양도하는 주택**은 이를 1세대 1주택

  ⓓ 수도권지역 밖 소재 주택(지방주택)과 일반주택의 1세대 2주택

  취학, 근무상 형편, 질병의 요양상 형편으로 취득한 수도권지역 밖 주택과 일반주택을 각각 1개씩 소유하고 있는 1세대가 그 부득이한 사유 해소 된 날로부터 3년 내에 일반주택을 양도하는 경우에는, 국내에 1개의 주택을 소유하고 있는 것으로 보아 1세대 1주택

  ⓔ 문화재주택과 일반주택의 1세대 2주택

  일반주택을 양도하는 경우에는 국내에 1개의 주택을 소유하고 있는 것으로 보아 1세대 1주택

  ⓕ 상속받은 주택과 일반주택의 1세대 2주택

  일반주택을 양도하는 경우에는 국내에 1개의 주택을 소유하고 있는 것으로 보아 1세대 1주택 비과세 규정을 적용한다.

  ⓖ 농어촌주택과 일반주택의 1세대 2주택

  일반주택을 양도하는 경우에는 국내에 한 주택을 소유하고 있는 것으로 보아 1세대 1주택. 다만, 농어촌 주택의 하나인 **귀농주택**에 대해서는 그 주택을 취득한 날부터 **5년 이내에 일반주택을 양도하는 경우에 한**하여 적용한다.

  ⓗ **조합원입주권(=소유했던 종전주택 의미)·분양권 ⇨ 주택 수에 포함**

  • ,,,,,조합원입주권,,,,,,,양도일 현재 다른 주택이 없는 경우,,,1세대 1주택으로 본다.

  • 1세대가 주택(부수토지포함)과 조합원입주권 또는 분양권을 보유하다가 그 주택을 양도한 경우에는 1세대 1주택으로 보지 아니한다.

  • 양도일 현재 1조합원입주권 외에 1주택을 소유한 경우로서 해당 1주택을 취득한 날부터 **3년 이내에 해당 조합원입주권을 양도**하는 경우,,,1세대 1주택으로 본다.

  • 국내에 1주택을 소유한 1세대가 "종전주택"을 양도하기 전에 분양권을 취득함으로써 일시적으로 1주택과 1분양권을 소유하게 된 경우 종전주택을 취득한 날부터 1년 이상이 지난 후에 분양권을 취득하고 그 분양권을 취득한 날부터 3년 이내에 종전주택을 양도하는 경우에는 이를 1세대 1주택

④ 2년 보유

주택의 **보유**기간이 2년 이상인 경우에만 1세대 1주택으로 비과세된다. 보유기간의 계산은 <u>취득일로부터</u> <u>양도일까지로 한다.</u>

> 거주기간 또는 보유기간을 계산함에 있어서 다음 각 ㉠㉡㉢의 기간을 통산한다.
> ㉠ 거주하거나 보유하는 중에 소실·도괴·노후 등으로 인하여 **멸실되어 재건축한 주택**인 경우에는 그 멸실된 주택과 재건축한 주택에 대한 거주기간 및 보유기간을 통산한다.
> ㉡ **비거주자가** 해당 주택을 **3년 이상 계속 보유**하고 그 주택에서 거주한 상태로 **거주자로 전환**된 경우에는 해당 주택에 대한 거주기간 및 보유기간을 통산한다.
> ㉢ **상속**받은 주택으로서 상속인과 피상속인이 상속개시 당시 **동일세대**인 경우에는 상속개시 전에 상속인과 피상속인이 동일세대로서 **보유한 기간을 통산**한다.

[중요] 1세대가 양도일 현재 국내에 1주택을 보유하고 있는 경우로서 다음 각 1.~5.의 어느 하나에 해당하는 경우에는 그 보유기간 및 거주기간의 제한을 받지 아니한다(조정지역에 있는 경우에도 해당된다).

> 1. ,,,,,,,**건설임대 주택**.......**거주기간 5년 이상**......보유기간 제한없다.
> 2. ,,,,,,,,,,,,,,,,,,,,,,,,,,,,,**수용**,,,,보유기간 제한없다.
> 3. ,,,,, **해외이주**로 세대전원이 출국하는 경우. 다만, 출국일 현재 1주택을 보유하고 있는 경우로서 **출국일부터 2년 이내에 양도**하는 경우에 한한다.
> 4. 1년 이상 계속하여 **국외거주**를 필요로 하는 취학 또는 근무상의 형편으로 세대전원이 출국하는 경우. 다만, 출국일 현재 1주택을 보유하고 있는 경우로서 **출국일부터 2년 이내에 양도하는 경우**에 한한다.
> 5. <u>1년 이상 **거주**</u>한 주택을 기획재정부령으로 정하는 **취학**, 근무상의 형편, 질병의 **요양**, 그밖에 부득이한 사유로 양도하는 경우
> [주의] 여기에서 **사업상은 포함되지 아니함**에 유념해야 한다.

27. key 양도소득세의 양도시기 · 취득시기

제1회, 제5회, 제8회, 제9회, 제10회, 제11회, 제12회, 제13회, 제14회, 제15-2회, 제16회, 제18회, 제21회, 제22회, 제25회, 제29회, 제32회, 제34회 기출

1. 원칙 : 대금청산일

> 여기에서 대금이란 당해 자산의 양도에 대한 양도소득세 및 양도소득세의 부가세액을 양수자가 부담하기로 약정한 경우에는 당해 **양도소득세 및 양도소득세의 부가세액을 '대금'에서 제외**한다.

① **대금청산일이 불분명** : 등기등록접수일
② **대금청산일 전 등기** : 등기등록접수일

2. 거래 상황별

① **상속** – 상속개시일. 증여 – 증여받은 날
② **환지처분** – 환지 받기 **전** 토지의 취득일
   (...환지...**증가 · 감소** –... <u>다음 날</u>)

③ ...무효 판결...- 당 **초** 자산의 취득일(판결일×)

④ **대금청산 일까지 미완성** : 완성일

⑤ ...수용되는 경우에는 대금청산한 날, 수용의 개시일 또는 소유권이전등기접수일 중 빠른 날로 한다. 다만, 소유권에 관한 소송으로 보상금이 공탁된 경우에는 소유권 관련 소송 판결 확정일로 한다.

⑥ **자가 신축** – 허가받은 경우 : 사용승인서 교부일

  – 무허가 : 사용일

⑦ 민법....부동산의 점유로 (**시효취득**) : 점유개시일

⑧ **장기할부조건** : 사용수익일, 등기일, 인도일 중 빠른 날

⑨ **경매** - 경매대금 완납일

⑩ **어음** - 결제일

⑪ 양도한 자산의 **취득시기 불분명** - 선입 선출

---

28. key   양도소득세의 세액 산출

제2회 ~ 제34회 기출

1. 양도소득세의 계산구조 흐름

양도소득세 계산구조 흐름 【암기력 : **차** **장** **소** **기** 과표】

양도가액 (-) 필요경비 = 양도 **차** 익

양도 **차** 익 (-) **장** 기보유특별공제 = 양도 **소** 득금액

양도 **소** 득금액 (-) **기** 본공제 = 양도소득 과세표준

양도소득 과세표준 (×) 세율 = 양도소득 산출세액

2. 양도차익

실지거래가양도차익 = 실지거래가의 양도가액 - 실지거래가의 필요경비(취득가액, 자본적지출, 양도비용)

제100조(양도차익의 산정) ① 양도차익을 계산할 때 양도가액을 실지거래가액에 따를 때에는 취득가액도 실지거래가액에 따르고, 양도가액을 기준시가에 따를 때에는 취득가액도 기준시가에 따른다.

1) 양도가액

제96조(양도가액) ① 양도소득세 과세대상에 따른 자산의 양도가액은 그 자산의 양도 당시의 양도자와 양수자 간에 "실지거래가액"에 따른다.

① 원칙 : 양도시점의 실지거래가에 의한 총수입금액
② 상황별에 따른 양도가액
  ㉠ 실지거래가격이 확인되지 않는 경우의 추계조사 결정특례
    ⓐ 추계결정방법 : 다음의 방법을 순차로 적용하여 산정한가액에 의한다.
      매매사례가액 ⇨ 감정평가액 ⇨ 환산취득가액 ⇨ 기준시가
    ⓑ 양도가액의 경우 추계결정 순서
      매매사례가액 ⇨ 감정평가액 ⇨ 기준시가   암기 : (**매** 일 **감** **기**)
                        주의 양도가액에는 환산 가액을 적용할 수 없다.
  ⓒ 거주자가 건물을 신축하고 그 신축한 건물의 취득일부터 **5년** 이내에 해당 건물을 양도하는 경우로서 감정가액·**환산가액**·감정가액을 그 취득가액으로 해당하는 **하는 경우**에는 해당 건물 **환산가액·감정가액**의 100분의 5에 금액을 양도소득 **결정세액**에 더한다.
③ 부당행위계산의 부인
  = 특수관계인과의 거래+조세를 부당히 회피한 경우를 말한다.
  특수관계자에게 자산을 시가보다 저가로 양도한 경우에는 시가에 의하여 양도가액을 계산한다.
  시가와 거래가액의 차액이 3억원 이상 또는 시가와 거래가액의 차액이 시가의 5% 이상의 경우에 한 함

2) 필요경비(증빙을 갖춘 경우 또는 실제지급을 은행에서 입증된 인정)

취득에 든 실지거래가액 + 자본적지출 + 양도비용

① 취득에 든 실지거래가액
  "취득에 든 실지거래가액"이란 다음 금액을 합한 것을 말한다.
  ㉠ 타인으로부터 매입한 자산은 매입가액에 취득세·등록세 기타부대비용을 가산한 금액

  매입한 자산의 취득원가=매입가액+취득부대비용(취득세 등)
          ⇨부대비용이란 사용가능시점까지 발생된 비용을 말한다.

  ㉡ 취득세는 납부영수증이 없는 경우에도 양도소득금액 계산시 필요경비로 공제한다.
    주의 필요경비는 증빙을 갖춘 경우에 인정되나 취득세만큼은 영수증이 없더라도 인정된다.
    주의 재산세·종합부동산세·지역자원시설세·상속세·증여세는 필요경비에 포함되지 아니한다.
  ㉢ 취득시 중개보수, 법무사의 수수료 등은 양도소득금액 계산시 필요경비로 공제한다.
  ㉣ 취득에 관한 쟁송이 있는 자산에 대하여 그 소유권 등을 확보하기 위하여 직접소요된 **소송비용·화해비용·감가상각비·현재가치 할인 차금** ⇨ 필요경비 포함

ⓐ 취득에 관한 쟁송이 있는 자산에 대하여 그 소유권 등을 확보하기 위하여 직접소요된 <u>소송비용·화해비용</u>감가상각비·현재가치 할인 차금 등의 금액으로서 그 지출한 연도의 각 소득금액의 계산에 있어서 **필요경비에 산입** ⇨ 필요경비 불 포함(=취득가액에서 공제한다)

ⓑ 취득에 관한 쟁송이 있는 자산에 대하여 그 소유권 등을 확보하기 위하여 직접소요된 소송비용·화해비용감가상각비·현재가치 할인 차금 등의 금액으로서 그 지출한 연도의 각 소득금액의 계산에 있어서 필요경비에 산입된 것을 **제외한 금액** ⇨ 필요경비 포함

ⓜ 당사자가 약정에 의한 대금지급방법...이자상당액은 취득가액에 포함

　주의 당초 약정에 의한 거래가액에 지급기일의 지연이자...취득가액에 포함하지 아니한다.

　주의 부당행위계산의 부인액 : 특수관계자간의 거래...시가초과액을 제외한다.

　주의 지적재조사로 지적공부상의 면적이 증가되어 징수한 조정금은 그 동안 지적공부 면적보다 더 많은 면적을 납세 없이 사용하고, 향후 지가 상승에 따른 이익 등을 고려하여 **취득가액에서 제외함**

ⓗ 상속 또는 증여받은 자산의 경우 : 상속 또는 증여받은 자산의 경우는 상속개시일 또는 증여일 현재의 상증법에 의해 평가한 가액을 취득당시 실지거래가액으로 본다.

② 자본적지출

　㉠ 의의 : 취득 후 지출로서 실질가치가 증가되는 지출 또는 내용년수가 증가되는 지출

　　- 핵심단어 : **개량, 이용편의, 용도변경**

　주의 **수익적지출**은 포함되지 **아니한다.**
수익적지출은 취득 후의 지출로서 **원상회복 또는 능률유지를 위한 지출**로서 양도시의 가치변동이 일어나지 않으므로 포함되지 아니한다. <u>양도하는 토지위에 나무재배를 위하여 소요된 비용 등은 필요경비로 산입하지 아니한다.</u>

　㉡ 자본적 지출의 예시

　ⓐ 양도자산을 취득한 후 쟁송이 있는 경우에 그 소유권을 확보하기 위하여 직접 소요된 소송비용·화해비용 등의 금액으로서 그 지출한 연도의 각 소득금액의 계산에 있어서 **필요경비에 산입**된 것을 **제외한 금액**

　ⓑ 「공익사업을 위한 토지 등의 취득 및 보상에 관한 법률」이나 그밖의 법률에 따라 토지 등이 협의 매수 또는 수용되는 경우로서 그 보상금의 증액과 관련하여 직접 소요된 소송비용·화해비용 등의 금액으로서 그 지출한 연도의 각 소득금액의 계산에 있어서 **필요경비에 산입**된 것을 **제외한 금액.** 이 경우 **증액보상금을 한도**로 한다.

　ⓒ ... <u>개발부담금</u>

　ⓓ ... <u>재건축부담금</u>

　ⓔ 기획재정부령으로 정하는 비용

　　• 토지의 **이용편의**를 위하여 지출한 장애철거비용

　　• 토지의 **이용편의**를 위하여 당해 토지에 도로를 건설한 경우의 도로건설비용과 그 도로를 국가 또는 지방자치단체에 무상으로 공여한 경우 그 도로로 된 토지의 가액은 자본적지출에 포함한다.

　　• 하천법·특정다목적댐법에 의하여 시행하는 사업으로 인하여 당해 사업구역 내의 토지소유자가 부담한 **수익자부담금**은 자본적지출에 포함한다.

　　• 사방사업에 소요된 비용은 자본적지출에 포함한다.

ⓒ 양도비용

ⓐ 의의 : 자산을 양도하기 위하여 직접 지출한 비용을 말한다. 자산을 양도하기위하여 **직접 지출**한 비용에는 자산을 양도하기 위한 **계약서 작성비용·공증비용·인지대·소개비·양도소득세신고서 작성비** 등을 포함한다.

- 주식을 양도한 경우의 증권거래세도 포함한다.
- 자산을 취득함에 있어서 법령의 규정에 의하여 매입한 국민주택채권과 토지개발채권을 만기 전에 금융 기관에 양도함으로써 발생한 매각차손도 포함한다.

양도비용 = 양도시 소요된 **직접비용**으로 지급된 수수료, 금융기관에 제공함으로 인한 채권의 매각차손

참고 양도가액에서 공제하는 필요경비에 해당하지 않는 경우

㉠ 부당행위계산에 의한 시가초과액
㉡ 취득한 건물의 도장에 소요된 비용
㉢ 취득자산의 보유기간동안 납부한 재산세 및 종합부동산세, 상속세, 증여세
㉣ 양도하는 토지 위에 나무재배를 위하여 소요된 비용
㉤ 수익적 지출(능률유지 또는 원상회복을 위한 수선비)
㉥ 양도시에 소요된 간접비용
㉦ 대출이자
㉧ 지연이자, 위약금
㉨ .....타 소득금액 산출시 필요경비에 산입
(**주의** ,,,,,,이를 제외한 금액은 필요경비에 포함)

참고 기준시가에 의한 양도차익 계산

기준시가에 의한 양도가액

(-) 기준시가에 의한 취득가액 ⎤ 필요
(-) 필요경비개산공제 ⎦ 경비
─────────────────
양도차익 (-양도차손)

필요경비 개산공제: **취득가액을 환산한 경우에는** 자본적 지출 및 양도비용 대신 다음의 **필요경비 개산공제를 공제**한다. 따라서 **자본적 지출과 양도비용은 실지거래가인** 경우에 적용됨을 알 수 있다.

특례 : 취득가액을 환산가액으로 하는 경우 환산취득가액과 필요경비개산공제의 합계액이 자본적지출과 양도비용의 합계액보다 적은 경우는 자본적지출과 양도비용을 필요경비로 한다.

필요경비 개산공제 = 취득당시 기준시가 × **3%** (미등기는 0.3%)

양도가액	필요경비
실지거래가	실지거래가+자본적 지출+양도비
매매사례가	매매사례가액+필요경비 개산공제
감정가	감정가액+필요경비 개산공제
-	환산가액+필요경비 개산공제
기준시가	기준시가+필요경비 개산공제

3. 양도소득금액

> 양도소득금액은 총수입금액("양도가액")에서 필요경비를 공제하고, "양도차익"에서 장기보유특별공제액을 공제한 금액으로 한다.

`중요`

1) 장기보유 특별공제

① 조건 : 토지, 건물로서 보유기간이 3년 이상인 것 및 조합원입주권
  * 제외 : 미등기제외, 국외 부동산 제외

    조합원으로부터 취득한 입주권은 입주권에서 제외한다.

    `주의` 1세대 2주택 이상인 경우에도 장기보유특별공제 적용된다.

② 장기보유 특별공제 금액 = 양도차익 × 보유기간별 공제율

  (조합원입주권을 양도하는 경우에는 「도시 및 주거환경정비법」 제48조에 따른 관리처분계획 인가 전 주택분의 양도차익으로 한정)

  ㉠ 보유기간 공제율

공제 대상	보유기간별 공제율		
나대지, 2주택, 상가건물	• 3년 이상에서 1년 증가시 2% 증가 • 15년 이상 : 양도차익의 30%		
양도소득세가 과세되는 1세대 1주택(고가주택으로 2년 거주 요건을 갖춘 경우만 해당)	보유 공제율		거주 공제율
	3년 이상, 1년 증가시 4% 10년 이상 40%	+	2년 이상, 1년 증가시 4% 10년 이상 40%

`참고` 보유기간은 당해자산의 취득일로부터 양도일까지의 기간을 말한다. 다만, 배우자로부터 증여받은 자산을 5년 내에 양도하여 이월과세 규정이 적용되는 경우에는 **증여한** 배우자(=증여자)가 당해 자산을 취득한 날부터 기산한다.

제97조의2(양도소득의 필요경비 계산 특례) ① 거주자가 양도일부터 소급하여 10년 이내에 그 배우자(양도 당시 혼인관계가 소멸된 경우를 포함하되, 사망으로 혼인관계가 소멸된 경우는 제외한다.) 또는 직계존비속으로부터 증여받은 토지, 건물, 부동산 취득권리, 회원권에 따른 자산의 양도차익을 계산할 때 양도가액에서 공제할 **취득가액은 증여한 배우자** 또는 직계존비속의 취득 당시 금액으로 한다. 이 경우 거주자가 증여받은 자산에 대하여 **납부하였거나 납부할 증여세 상당액**이 있는 경우에는 **필요경비에 산입**한다.

② 다음 각 ㉠㉡㉢호의 어느 하나에 해당하는 경우에는 제1항을 적용하지 아니한다.
㉠ 사업인정고시일부터 소급하여 2년 이전에 증여받은 경우로서 「공익사업을 위한 토지 등의 취득 및 보상에 관한 법률」이나 그밖의 법률에 따라 협의매수 또는 수용된 경우
㉡ 1세대 1주택[같은 호에 따라 양도소득의 비과세대상에서 제외되는 고가주택(이에 딸린 토지를 포함한다)을 포함한다]의 양도에 해당하게 되는 경우
㉢ 제1항을 적용하여 계산한 양도소득 결정세액이 제1항을 적용하지 아니하고 계산한 양도소득 결정세액보다 적은 경우

제101조(양도소득의 부당행위계산) ② 거주자가 제1항에서 규정하는 특수관계인(배우자 및 직계존비속의 경우는 제외한다)에게 자산을 증여한 후 그 자산을 증여받은 자가 그 증여일부터 10년 이내에 다시 타인에게 양도한 경우로서 특수관계자가 부담한 증여세와 양도소득세의 합계액이 증여자가 직접 양도하였다고 가정할 경우에 부담할 양도소득세보다 적다면 세액보다 적은 경우에는 **증여자가 그 자산을 직접 양도한 것**으로 본다. 다만, 양도소득이 해당 수증자에게 실질적으로 귀속된 경우에는 그러하지 아니하다.

4. 양도소득 과세표준

양도소득금액 – 기본공제 = 양도소득과세표준

① 양도소득 기본공제
㉠ **공제금액**: 연 250만원 공제 ⇨ <u>보유기간과는 무관</u>
㉡ <u>미등기를 제외한</u> 모든 자산에 대해 공제된다.
㉢ 양도소득이 있는 거주자에 대하여는 다음의 **소득별로** 당해연도 양도소득에서 <u>각각 250만원</u>을 공제한다. 다음의 소득별이란 ⓐ**끼리**의 소득별, ⓑ**끼리**의 소득별 ⓒ끼리의 소득별을 말하므로 자산별이 아님에 유념하십시오.
　ⓐ 부동산·부동산에 관한 권리·기타자산
　ⓑ 주식 및 출자지분
　ⓒ 파생상품
㉣ 국외자산은 국내 자산과 별개로 기본공제 적용된다.

제102조(양도소득금액의 구분 계산 등) ① 양도소득금액은 다음 각 ㉠㉡㉢의 소득별로 구분하여 계산한다. 이 경우 소득금액을 계산할 때 발생하는 결손금은 다른 ㉠㉡㉢의소득금액과 합산하지 아니한다 **(양도차손은 같은 그룹의 양도소득금액에서 공제한다)**.
㉠ 토지·건물·부동산에 관한권리, 기타 자산
㉡ 대주주의 상장주식·비상장주식
㉢ 파생상품

주의 당해연도에서 발생한 양도차손은 다음연도로 이월되지 않고 당해연도에 소멸됨에 유념해야 한다.

5. 양도소득 산출 세액

양도소득 과세표준   ……… 세율별 구분에 의한 과세표준
(×) 세 율
─────────────
양도소득 산출세액

① 세 율

하나의 자산이 둘 이상의 세율이 적용 될 때에는 해당 세율을 적용하여 계산한 양도소득 **산출세액 중** 큰 것을 그 세액으로 하고, 파생상품에 따른 세율은 자본시장 육성 등을 위하여 필요한 경우 그 세율의 100분의 75의 범위에서 대통령령으로 정하는 바에 따라 인하할 수 있다.

㉠ 미등기 : 70%

㉡ 보유 1년 미만 부동산·부동산권리(주택 및 조합원입주권, 분양권 제외) : 50%

㉢ 보유 1년 이상~2년 미만 부동산·부동산권리(주택 및 조합원입주권, 분양권 제외) : 40%

㉣ 보유 2년 이상 부동산.부동산 권리(주택 및 조합원입주권제외) : 6%~45%의 누진세율

> **주의** 국외자산은 등기여부·보유 관계없이 6%~45%의 누진세율이다. 즉, 미등기국외자산 양도의 경우에도 6%~45%의 누진세율이다.

㉤ 주택 및 조합원입주권, 분양권

> ➡ 보유 1년 미만인 주택 및 조합원입주권, 분양권의 양도는 70%
> ➡ 보유1년 이상~2년 미만인 주택 및 조합원입주권, 분양권의 양도는 60%
> ➡ 보유 2년 이상인 주택 및 조합원입주권의 양도는 과세표준 가액에 따라 6%~45%의 누진세율
> **주의** 분양권은 2년 이상 보유일 때도 60% 세율이다.

㉥ 기타자산은 보유기간에 관계없이 6%~42%의 누진세율

㉦ 비사업용 토지 ⇨ 16% ~ 55%의 누진세율

㉧ 양도소득세율 적용시 보유기간은 당해 자산의 취득일로부터 양도일까지로 한다.

> 상속─세율로 연결되면 취득시기는 피상속인의 취득일로 기산, 상속 나오고 세율단어가 없으면 상속개시일로 기산한다.

6. 미등기자산 양도의 경우

(미등기 자산 양도의 경우 과세표준 = 양도차익이 곧 과세표준)

■ 미등기자산 양도시 적용되지 아니한 것
- 장기보유특별공제 • 기본공제 • 비과세 • 감면

■ 미등기자산 양도시 적용 가능
- 필요경비 공제가능 • 양도·취득시기   • 분납

① 미등기로 보지 아니하는 자산 = 등기된 것으로 본다.

㉠ **장기할부조건으로 취득**한 자산으로서 그 계약조건에 의하여 양도 당시 그 자산의 취득에 관한 등기가 불가능한 자산

㉡ **법률의 규정 또는 법원의 결정에 의하여** 양도 당시 그 자산의 취득에 관한 등기가 불가능한 자산

㉢ 비과세요건을 충족한 교환·분합하는 농지, 대토하는 농지 및 면제요건을 충족한 자경농지

㉣ 비과세요건을 충족한 1세대 1주택으로서 건축법에 의한 **건축허가를 받지 않아** 등기가 불가능한 자산

㉤ …도시개발사업이 종료되지 아니하여 토지 취득등기를 하지 아니하고 양도하는 토지

㉥ …공사용역 대가로 취득한 **체비지**를 토지**구획** 환지처분**공고 전에 양도**하는 토지

29. key 국외자산의 양도

1. 국외자산 양도소득의 범위

거주자(국내에 당해자산의 양도일까지 **5년 이상 주소 또는 거소를 둔 자**에 한함)의 국외에 있는 자산의 양도에 대한 양도소득은 당해연도에 국외에 있는 자산을 양도함에 따라 발생하는 다음의 소득을 말한다.

① 토지 또는 건물
② 부동산에 관한 권리(미등기 양도자산을 포함)
　　㉠ 지상권·전세권과 부동산임차권

참고 부동산 임차권

국내양도	등기된 부동산 임차권**만** 과세하며, 미등기된 부동산 임차권은 종합소득세를 과세한다.
국외양도	등기·미등기 부동산임차권 모두 **과세**한다.

1. 점포임차권은 양도소득세 과세대상이 아니다.
2. 부동산임대사업소득은 부동산임차권과 점포임차권 모두 과세대상이며, 등기·미등기 모두 과세대상이다.

　　㉡ 부동산을 취득할 수 있는 권리
③ 주식 또는 출자지분
　외국법인이 발행한 주식 등을 말하며, 외국법인이 국내법에 의하여 발행한 주식은 포함하지 아니한다.
④ 기타 자산
⑤ 파생상품

2. 양도소득세의 계산

① 양도소득세의 계산구조
　국외자산양도의 양도소득세 계산구조는 '양도소득세 계산구조'를 준용한다.
　(단, 장기보유 특별공제, 필요경비 계산공제, 기준시가 배제) - 기본공제는 적용
② 양도가액 : 국외자산의 양도가액은 당해 자산의 양도 당시의 **실지거래가액**으로 한다.
③ 세 율
　국외자산의 부동산에 대한 양도소득에 대한 소득세는 당해연도의 양도소득과세표준에 **등기여부에 관계없이, 보유기간에 관계없이 6%~45%까지의 누진세율로 적용**하여 계산한 금액을 그 세액으로 한다.
④ 외국납부세액공제
❑ 국외자산의 양도소득에 대하여 당해 외국에서 납부하였거나 납부할 국외자산 양도소득세액이 있는 경우에는 외국납부세액공제와 양도소득금액 계산상 필요경비에 산입하는 방법 중 **하나를 선택**하여 적용받을 수 있다.
⑤ 양도차익의 외화환산
　㉠ 양도차익의 외화환산의 규정에 의하여 양도차익을 계산함에 있어서는 양도가액 및 필요경비를 수령하거나 지출한 날 현재「외국환거래법」에 의한 기준환율 또는 재정 환율에 의하여 계산한다 (환 차익은 고려하지 않는다).
　㉡ ㉠을 적용함에 있어서「양도 또는 취득시기」의 규정에 의한 장기할부조건의 경우에는 양도일 및 취득일을 양도가액 또는 취득가액을 수령하거나 지출한 날로 본다.

30. key 양도소득세의 신고납부

1. 예정신고

① 예정신고기간

㉠ 양도일이 속하는 **달의 말일로부터 2개월** 이내 (국토의 계획 및 이용에 관한 법률)에 따른 토지거래계약에 관한 허가구역에 있는 토지를 양도할 때 토지거래계약허가를 받기 전에 대금을 청산한 경우에는 그 허가일이 속하는 달의 말일부터 2개월로 한다.

㉡ 주식 등을 양도하는 경우의 예정신고기한 : 2018년부터는 양도일이 속하는 반기의 말일부터 2개월

㉢ **부담부증여**의 채무액에 해당하는 부분으로서 양도로 보는 경우의 예정신고기한 : 증여자가 그 양도일이 속하는 **달의 말일부터 3개월**

② 양도차손이 있거나, 양도차익이 없더라도 예정신고 또는 확정신고 한다.

③ 예정신고를 이행한 경우에도 예정신고세액공제는 없고 이행하지 아니한 경우 가산세 규정을 주고 있다(예정신고 하지 않고 확정신고 한 경우는 무신고 가산세에서 50% 감면한다).

㉠ 예정신고세액공제 없음

㉡ 무신고가산세 20% 적용(과소신고 : 10%)

④ 분납 : 예정신고 또는 확정신고시 가능

2. 확정신고

① 양도소득과세표준 확정신고

㉠ 그 과세기간의 다음 연도 5월 1일부터 5월 31일까지

㉡ 과세표준이 없거나 결손금액이 있는 경우에도 적용한다.

② 예정신고를 한 자는 ①에도 불구하고, 해당 소득에 대한 확정신고를 하지 아니할 수 있다. 다만, 해당 과세기간에 누진세율 적용대상 자산에 대한 예정신고를 2회 이상 하는 경우는 확정신고한다.

3. 양도소득세의 분납(물납은 폐지)

① 분납

거주자로서 양도소득세로 납부할 세액이 각각 1,000만원을 초과하는 자는 다음의 ㉠ 또는 ㉡금액 **(=일부)**을 납부기한 경과 후 **2개월 이내**에 분납할 수 있다.

㉠ 납부할 세액이 2,000만원 이하인 때 : 1,000만원을 초과하는 금액

㉡ 납부할 세액이 2,000만원을 초과하는 때 : 그 세액의 50% 이하의 금액

"모두 합격 기원 드립니다."

웃는 공양구가 좋구요...^^

세법 강의하는

이　태　호 배상.

실전문제

01 다음은 부동산 관련 세목의 납세의무와 납세지의 설명이다. 옳은 것은?

① 비거주자가 국외 토지를 양도한 경우 또는 법인이 자기소유 부동산을 양도한 경우 양도소득세 납세의무가 있다.

② 거주자가 국외 토지를 양도한 경우 양도일까지 계속해서 10년간 국내에 주소를 두었다면 국외 토지양도로 양도소득과세표준 예정신고 의무가 없다.

③ 거주자가 국내 상가건물을 양도한 경우 거주자의 주소지와 상가건물의 소재지가 다르다면 양도소득세 납세지는 상가건물의 소재지이다.

④ 부동산 소재지와 납세의무자의 주소지가 다를 경우 등록면허세의 납세지는 거주자의 주소지로 한다.

⑤ 비거주자가 국내 주택을 양도한 경우 양도소득세 납세지는 비거주자의 주소지이다.

정답 답 없음

해설

① 비거주자가 국내 토지를 양도한 경우 양도소득세 납세의무가 있다. 법인이 자기소유 부동산을 양도한 경우는 법인세의 납세의무가 있다.

② 거주자가 국외 토지를 양도한 경우 양도일까지 계속해서 10년간 국내에 주소를 두었다면 국외 토지양도로 양도소득과세표준 예정신고 의무가 있다.

③ 거주자의 양도소득세 납세지는 거주자의 주소지 관할세무서이다.

④ 부동산 소재지와 납세의무자의 주소지가 다를 경우 등록면허세의 납세지는 부동산 소재지로 한다.

⑤ 비거주자가 국내 주택을 양도한 경우 양도소득세 납세지는 국내사업장 소재지이다.

02 2024년 5월 31일에 잔금을 지급하고 보유하는 중 2024년에 보유단계에서 부담할 수 있는 세금이 아닌 것을 모두 고른 것은?

㉠ 재산세	㉡ 농어촌특별세	㉢ 종합부동산세
㉣ 지방교육세	㉤ 종합소득세	㉥ 취득세
㉦ 등록면허세	㉧ 양도소득세	

① ㉠, ㉡, ㉢, ㉣   ② ㉥, ㉦, ㉧

③ ㉠, ㉢, ㉦   ④ ㉡, ㉣, ㉤, ㉥, ㉦

⑤ ㉢, ㉣, ㉦

정답 ②

03 다음 중 국세 및 지방세의 납세의무의 성립시기에 대한 설명이다. 옳은 것은?

① 취득세: 취득세 과세물건을 취득하고 60일이 되는 때

② 재산세에 부가되는 지방교육세: 재산을 보유하는 때

③ 농어촌특별세: 본세의 납세의무가 성립하는 때

④ 거주자의 양도소득에 대한 지방소득세: 매년 3월 31일

⑤ 소득세에 대한 가산세: 소득세를 신고납부하지 아니한 때

03-1 취득세에 부가되는 농어촌특별세: 취득세 과세물건을 취득하고 60일이 되는 때 (○, ×)

03-2 양도소득세: 양도하는 때 또는 소득이 발생하는 때 (○, ×)

정답 ③

해설

① 취득세: 취득세 과세물건을 취득하는 때

② 재산세에 부가되는 지방교육세: 과세표준이 되는 세목의 납세의무가 성립하는 때, 과세 기준일(6월 1일)

④ 거주자의 양도소득에 대한 지방소득세: 매년 12월 31일

⑤ 소득세에 대한 가산세: 매년 12월 31일

03-1 취득세에 부가되는 농어촌특별세: 취득세 과세물건을 취득하고 60일이 되는 때 (×) ⇨ 취득하는 때

03-2 양도소득세: 양도하는 때 또는 소득이 발생하는 때 (×) ⇨ 과세기간이 끝나는 때

04 다음은 납세의무의 확정 및 부과징수에 대한 설명이다. 틀린 것은?

① 취득세를 취득일로부터 60일 내에 납세의무자가 신고납부하지 아니한 경우에는 지방자치단체가 세액을 결정하는 때 확정된다.

② 등기·등록하는 경우 등록면허세의 신고납부기간은 등기일로부터 60일 내로, 신고납부함으로써 등록면허세의 납세의무가 확정된다.

③ 양도소득세의 예정신고의 경우 양도하는 달의 말일에 납세의무가 성립하고, 예정신고의 경우는 양도하는 달의 말일로부터 2개월 내에 예정신고를 함으로 세액이 확정된다.

④ 종합부동산세의 납세의무는 과세권자인 세무서장이 결정한 경우 과세표준과 세액이 확정된다.

⑤ 재산세는 과세기준일에 납세의무가 성립하고, 과세권자인 시장·군수·구청장이 세액을 결정한 경우 과세표준과 세액이 확정된다. 이 경우는 신고 관련 가산세는 없다.

정답 ②

해설

② 등기·등록하는 경우 등록면허세의 신고납부기간인 등기하기 전까지 신고납부함으로써 등록면허세의 납세의무가 확정된다.

05 부동산 관련 세목의 법정신고기한 또는 납기에 관한 설명으로 맞는 것은?

① 주택에 대한 종합부동산세의 납부기간은 종합부동산세액의 1/2은 7월 16일 ~ 7월 31일까지, 나머지 1/2은 9월 16일부터 9월 31일까지이다.

② 주택에 종합부동산세의 납부세액이 20만원 이하인 경우는 한꺼번에 징수할 수 있다. 이때 한꺼번에 징수하는 기간은 7월 16일부터 7월 31일이다.

③ 토지에 대한 재산세의 납기는 매년 9월 1일부터 9월 15일까지이다.

④ 부담부증여에 대한 양도소득세의 예정신고 기간은 수증자가 양도일이 속하는 달로부터 3개월 내에 한다.

⑤ 부동산의 상속으로 인하여 취득한 경우 취득세의 법정신고기한은 상속개시일이 속하는 달의 말일로부터 6월 이내이다.

정답 ⑤

해설

①② 주택에 대한 종합부동산세의 납부기간은 12월 1일~12월 15일이다.

③ 토지에 대한 재산세의 납기는 매년 9월 16일부터 9월 30일까지이다.

④ 부담부증여에 대한 양도소득세의 예정신고 기간은 증여자가 양도일이 속하는 달의 말일로부터 3개월 내에 한다.

06 다음 중 물납에 대한 설명으로 옳은 것은?

① 경기도 평택시와 경기도 성남시에 부동산을 소유하고 있는 자의 성남시 소재 부동산에 대하여 부과된 재산세의 물납은 경기도 평택시 소재하는 부동산으로도 가능하다.

② 재산세 납부세액이 1천만원을 초과하여 재산세를 물납하려는 자는 법령으로 정하는 서류를 갖추어 그 납부기한 경과하여 10일 내까지 납세지를 관할하는 시장·군수에게 신청하여야 한다.

③ 관할세무서장은 종합부동산세로 납부하여야 할 세액이 250만원을 초과하는 경우에는 대통령령으로 정하는 바에 따라 그 세액의 일부를 납부기한이 지난 날부터 6개월 이내에 물납하게 할 수 있다.

④ 시장·군수는 불허가 통지를 받은 납세의무자가 그 통지를 받은 날부터 10일 이내에 해당 시·군의 관할 구역에 있는 부동산으로서 관리·처분이 가능한 다른 부동산으로 변경 신청하는 경우에는 변경하여 허가할 수 있다.

⑤ 재산세 물납을 허가하는 부동산의 가액은 매년 1월 1일 현재의 시가로 평가한다.

06-1 지방자치단체의 장은 재산세 납부세액이 1천만원을 초과하는 경우 납세의무자의 신청을 받아 해당 납세자의 재산에 대하여 법령으로 정하는 바에 따라 물납을 허가할 수 있다. (○, ×)

06-2 물납허가를 받은 부동산을 행정안전부령으로 정하는 바에 따라 물납하였을 때에는 납부기한 내에 납부한 것으로 본다. (○, ×)

[정답] ④

[해설]
① 성남시 소재 부동산에 대하여 부과된 재산세의 물납은 성남시 소재하는 부동산으로도 가능하다.

② 재산세 납부세액이 1천만원을 초과하여 재산세를 물납하려는 자는 법령으로 정하는 서류를 갖추어 그 납부기한 10일 전까지 납세지를 관할하는 시장·군수에게 신청하여야 한다.

③ 종합부동산세는 물납이 없다.

⑤ 재산세 물납을 허가하는 부동산의 가액은 과세기준일(6월 1일) 현재의 시가로 평가한다.

06-1 ×, 납세자의 재산 ⇨ 관할구역 내 부동산

06-2 ○

07 다음 중 분납에 대한 설명으로 맞지 않은 것은 몇 개인가?

> ㉠ 지방세에서 재산세의 납세의무자는 재산세의 납부세액이 5백만원을 초과하는 경우, 납부할 세액의 전부를 분납할 수 있다.
>
> ㉡ 재산세 납부세액이 7백만원인 경우 2백 5십만원은 납부기한이 경과한 날부터 3개월 이내에 분납할 수 있다.
>
> ㉢ 분납은 납세의무자의 신청에 의하는데 신청은 납부기한 내까지만 하면 되고, 과세권자는 납세의무자에게 분납의 허가를 통지하여야 한다.
>
> ㉣ 시장·군수·구청장은 분할납부신청을 받았을 때에는 이미 고지한 납세고지서를 납부기한 내에 납부하여야 할 납세고지서와 분할 납부기간 내에 납부하여야 할 납세고지서로 구분하여 수정 고지하여야 한다.
>
> ㉤ 거주자가 양도소득세 확정신고에 따라 납부할 세액이 1천 800만원인 경우 1천 800만원 전부 분할납부할 수 있다.

① 1개   ② 2개
③ 3개   ④ 4개
⑤ 6개

정답 ④

해설

㉠ 지방세에서 재산세의 납세의무자는 재산세의 납부세액이 2백 5십만원을 초과하는 경우, 납부할 세액의 일부를 분납할 수 있다.

㉡ 재산세 납부세액이 7백만원인 경우 3백 5십만원은 납부기한이 경과한 날부터 3개월 이내에 분납할 수 있다.

㉢ 분납은 허가 요건이 없다.

㉤ 거주자가 양도소득세 확정신고에 따라 납부할 세액이 1천 800만원인 경우 800만원을 2개월 내 분할납부할 수 있다.

08 체납된 조세의 법정기일 전에 저당권 설정이 등기된 재산의 매각에 있어 그 저당권에 의하여 담보된 채권은 국세 또는 지방세에 우선한다. 다만, 당해 재산에 대하여 부과된 국세 또는 지방세에는 우선하지 못한다. 그에 해당하는 세목은?

① 양도소득세   ② 종합소득세
③ 종합부동산세   ④ 취득세
⑤ 등록면허세

정답 ③

09 당해 자산의 양도차익에 대하여 양도소득세가 과세되지 아니한 것으로 묶은 것은?

> ㉠ 토지 · 건물
> ㉡ 지상권, 전세권
> ㉢ 부동산을 취득할 수 있는 권리
> ㉣ 대주주의 상장주식
> ㉤ 사업용 고정자산과 함께 양도하는 영업권
> ㉥ 주주회원권
> ㉦ 골프장
> ㉧ 지역권
> ㉨ 부동산 임차권
> ㉩ 주택채권
> ㉪ 해당 이축권 가액을 대통령령으로 정하는 방법에 따라 별도로 평가하여 신고하는 경우의 개발제한구역의 지정 및 관리에 관한 특별조치법 제12조 제1항 제2호 및 제3호의2에 따른 이축을 할 수 있는 권리의 양도로 발생하는 소득
> ㉫ 신탁 수익권의 양도를 통하여 신탁재산에 대한 지배 · 통제권이 사실상 이전되는 경우

① ㉧㉨㉩㉪
② ㉠㉡㉢
③ ㉣㉤㉥
④ ㉦㉧
⑤ ㉨㉩

09-1 위탁자와 수탁자 간 신임관계에 기하여 위탁자의 자산에 신탁이 설정되고 그 신탁재산의 소유권이 수탁자에게 이전된 경우로서 위탁자가 신탁 설정을 해지하거나 신탁의 수익자를 변경할 수 있는 등 신탁재산을 실질적으로 지배하고 소유하는 것으로 볼 수 있는 경우는 양도로 보지 아니한다. (○, ×)

정답 ①

9-1 ○

10 「소득세법」상 양도소득세 과세대상이 아닌 것은?

> ㉠ 「도시개발법」에 따라 토지의 일부가 보류지로 충당되는 경우
> ㉡ 지방자치단체가 발행하는 토지상환채권을 양도하는 경우
> ㉢ 이혼으로 인하여 혼인 중에 형성된 부부공동재산을 「민법」 제839조의2에 따라 재산 분할 하는 경우
> ㉣ 개인이 토지를 법인에 현물출자하는 경우
> ㉤ 주거용 건물건설업자가 당초부터 판매할 목적으로 신축한 다가구주택을 양도하는 경우
> ㉥ 법원의 확정판결에 의한 이혼위자료로 배우자에게 토지의 소유권을 이전하는 경우
> ㉦ 부동산을 동등가치로 대금수수가 없이 상호교환하는 경우
> ㉧ 매매원인 무효의 소에 의하여 그 매매사실이 원인무효로 판시되어 환원될 경우
> ㉨ 채권담보목적으로 소유권이전등기 하였다가 담보사유소멸로 환원된 경우
> ㉩ 명의신탁이 해지되어 신탁자의 명의로 소유권이전 등기가 경료된 경우
> ㉪ 배우자 간 또는 직계존비속 간의 부담부증여의 경우
> ㉫ 배우자 또는 직계존비속이 아닌 자 간의 부담부증여에 있어서 수증자가 증여자의 채무를 인수하는 경우 그 채무액 상당부분

① ㉠, ㉡, ㉢

② ㉠, ㉢, ㉤, ㉧, ㉨, ㉩, ㉪

③ ㉡, ㉢, ㉣

④ ㉡, ㉣, ㉤

⑤ ㉢, ㉣

10-1 「자본시장과 금융투자업에 관한 법률」에 따른 주권상장법인의 주식 등으로서 소유주식의 비율·시가총액 등을 고려한 대주주가 양도하는 것은 양도소득세 과세한다. (○, ×)

10-2 시설물을 배타적으로 이용하거나 일반이용자에 비하여 유리한 조건으로 시설물을 이용할 수 있는 권리가 부여된 주식의 양도로 인하여 발생하는 소득은 양도소득세 과세한다. (○, ×)

10-3 토지 이용상 불합리한 지상(地上) 경계(境界)를 합리적으로 바꾸기 위하여 공간정보의 구축 및 관리 등에 관한 법률에 따라 토지를 분할하여 교환한 경우는 양도소득세 과세한다(분할된 토지의 전체 면적이 분할 전 토지의 전체 면적의 100분의 20을 초과하지 아니한 경우이다). (○, ×)

10-4 「소득세법 시행령」 제151조 제1항에 따른 양도담보 계약을 체결한 후 채무불이행으로 인하여 당해 자산을 변제에 충당한 때는 양도소득세 과세한다. (○, ×)

정답 ②

해설

㉠, ㉢, ㉤, ㉥, ㉦, ㉧, ㉿은 양도가 아니다.

10-1 「자본시장과 금융투자업에 관한 법률」에 따른 주권상장법인의 주식 등으로서 소유주식의 비율·시가총액 등을 고려한 대주주가 양도하는 것는 양도소득세 과세한다. (○)

10-2 시설물을 배타적으로 이용하거나 일반이용자에 비하여 유리한 조건으로 시설물을 이용할 수 있는 권리가 부여된 주식의 양도로 인하여 발생하는 소득은 양도소득세 과세한다. (○)

10-3 토지 이용상 불합리한 지상(地上) 경계(境界)를 합리적으로 바꾸기 위하여 공간정보의 구축 및 관리 등에 관한 법률에 따라 토지를 분할하여 교환한 경우는 양도소득세 과세한다(분할된 토지의 전체 면적이 분할 전 토지의 전체 면적의 100분의 20을 초과하지 아니한 경우이다). (✕) ⇨ 양도로 보지 아니한다.

10-4 「소득세법 시행령」 제151조 제1항에 따른 양도담보 계약을 체결한 후 채무불이행으로 인하여 당해 자산을 변제에 충당한 때는 양도소득세 과세한다. (○)

11 다음 중 양도소득세가 과세되는 경우는?

① 1세대 1주택을 2년 이상 보유한 남편의 주택을 이혼위자료조로 아내에게 소유권을 이전해 준 경우

② 甲·乙·丙이 균등으로 공동 소유한 토지를 甲 40%, 乙 30%, 丙 30% 지분으로 분할한 경우

③ 국토의 계획 및 이용에 관한 법률에 따른 주거지역·상업지역·공업지역 외에 있는 농지(환매예정지 아님)를 경작상 필요에 의하여 교환함으로써 발생한 소득은 쌍방 토지가액의 차액이 가액이 큰 편의 4분의 1 이하이고 새로이 취득한 농지를 3년 이상 농지소재지에 거주하면서 경작하는 경우

④ 지적재조사법률에 의해 지적 재조사에 의해 공부상 면적이 감소된 경우로 받은 조정금액

⑤ 파산선고에 의한 처분소득

정답 ②

해설

② 乙과 丙이 소유권이전으로 乙과 丙에게 과세한다.

12 다음 중 1세대 1주택으로 인한 양도소득세 비과세 요건 중 틀린 것은?

① 원칙적으로 거주자로서 배우자가 있어야 하고 고가주택이 아니어야 한다.

② 보유기간은 취득일로부터 과세일까지 2년 이상이어야 한다.

③ 주택의 부수토지는 도시지역 내 수도권지역 내 주거·상업·공업지역은 3배, 녹지지역·개발제한구역 내·수도권지역 밖 5배, 도시지역 밖은 10배를 기준면적의 부수토지로 본다.

④ 30세 이상인 무주택거주자가 당해 주택을 상속받아 2년 이상 점유하고 상속받은 주택을 양도하는 경우에는 비과세한다.

⑤ 미등기양도주택이 아니어야 한다.

정답 ②

해설
② 보유기간은 취득일로부터 양도일까지 2년 이상이어야 한다.

13 양도소득세 비과세 설명 중 옳은 것은?

① 1세대가 부산광역시에 소재하는 1주택을 1년 동안 보유하고 양도한 경우로서 양도일부터 1년 6개월 전에 세대전원이 해외이주로 출국하는 경우는 양도소득세 과세한다.

② 국내에 1주택만을 보유하고 있는 1세대가 해외이주로 세대전원이 출국하는 경우 출국일부터 3년이 되는 날 해당 주택을 양도하면 비과세된다.

③ 노부모 봉양을 위해 세대를 합침으로서 1세대가 2주택을 보유하게 되는 경우 그 합친 날로부터 5년 이내에 먼저 양도하는 주택은 이를 1세대 1주택으로 보아 비과세 여부를 판단한다.

④ 하나의 건물이 주택과 주택 외의 부분으로 복합되어 있는 겸용주택의 경우 주택의 면적이 주택 외의 면적보다 클 때에는 주거 부문만을 주택으로 본다.

⑤ 1세대의 무주택 소유자가 주택을 상속받아 상속받은 주택을 2년 보유하고 양도한 경우는 비과세한다.

13-1 법령으로 정하는 근무상 형편으로 취득한 수도권 밖에 소재하는 등기된 주택과 그 밖의 등기된 일반주택을 국내에 각각 1개씩 소유하는 1세대가 부득이한 사유가 해소된 날로부터 3년 내에 일반주택을 양도하는 경우, 법정요건을 충족하면 비과세된다. (○, ×)

제21회, 제33회 기출

13-2 국내에 주택 1채와 토지를, 국외에 1채의 주택을 소유하고 있는 거주자 甲이 국내주택을 먼저 양도하는 경우 2년 이상 보유한 경우 양도소득세가 과세된다. (○, ×)　　제23회 기출

13-3 1세대 1주택인 고가주택을 양도한 경우, 양도차익 전체에 대해서는 양도소득세가 과세된다. (○, ×)　　제23회 기출

정답 ⑤

해설

① 1세대가 부산광역시에 소재하는 1주택을 1년 동안 보유하고 양도한 경우로서 양도일부터 1년 6개월 전에 세대전원이 해외이주로 출국하는 경우는 양도소득세 비과세한다.

② 국내에 1주택만을 보유하고 있는 1세대가 해외이주로 세대전원이 출국하는 경우 출국일부터 2년 이내 해당 주택을 양도하면 비과세된다.

③ 노부모 봉양을 위해 세대를 합침으로서 1세대가 2주택을 보유하게 되는 경우 그 합친 날로부터 10년 이내에 먼저 양도하는 주택은 이를 1세대 1주택으로 보아 비과세 여부를 판단한다.

④ 하나의 건물이 주택과 주택 외의 부분으로 복합되어 있는 겸용주택의 경우 주택의 면적이 주택 외의 면적보다 클 때에는 전부를 주택으로 본다(고가주택은 주거부문만 주택으로 본다).

13-1 법령으로 정하는 근무상 형편으로 취득한 수도권 밖에 소재하는 등기된 주택과 그 밖의 등기된 일반주택을 국내에 각각 1개씩 소유하는 1세대가 부득이한 사유가 해소된 날로부터 3년 내에 일반주택을 양도하는 경우, 법정요건을 충족하면 비과세된다. (○)

제21회, 제33회 기출

13-2 국내에 주택 1채와 토지를, 국외에 1채의 주택을 소유하고 있는 거주자 甲이 국내주택을 먼저 양도하는 경우 2년 이상 보유한 경우 양도소득세가 과세된다. (×) ⇨ 국외주택은 주택수에 포함하지 않고 과세된다. 상기 문제에서 국내주택 먼저 양도로 국내 1주택이니 비과세한다.

제23회 기출

13-3 1세대 1주택인 고가주택을 양도한 경우, 양도차익 전체에 대해서는 양도소득세가 과세된다. (×) ⇨ 1세대 1주택인 고가주택을 양도한 경우, 양도차익의 12억원 초과분에 대해 과세한다.

제23회 기출

14 다음은 「소득세법」상의 고가주택에 관련된 사항이다. 틀린 것은?

① 1주택의 일부를 양도하는 경우로서 그 주택의 1/2을 7억원에 양도하였을 경우는 고가 주택에 해당된다.

② 1세대 1주택으로 2년 보유 양도한 고가주택의 양도차익은 주택의 총양도차액 × (양도가 액 − 12억원/양도가액)으로 한다.

③ 1세대 1주택으로 10년 보유, 10년 거주한 후 양도한 고가주택의 장기보유특별공제는 양 도차익의 80%로 양도차익에서 공제된다.

④ 1세대 1주택으로 2년 보유 양도한 고가주택의 경우 기본공제가 적용된다.

⑤ 양도소득세의 고가주택은 양도가액이 기준시가로 12억원 초과인 주택을 말한다.

정답 ⑤

해설

⑤ 양도소득세의 고가주택은 양도가액이 실지거래가 12억원 초과인 주택을 말한다.

15 양도소득세 비과세 설명 중 옳은 것은?

① 부부가 각각 단독세대를 구성하여 각각 1주택을 2년 이상 보유하다가 그 중 하나의 주택 을 양도하는 경우에는 1세대 1주택으로 보아 비과세 규정을 적용한다.

② 1주택을 보유하는 자가 1주택을 보유하는 자와 혼인함으로써 1세대가 2주택을 보유하게 되는 경우 그 혼인한 날로부터 10년 이내에 먼저 양도하는 주택은 이를 1세대 1주택으로 보아 비과세 여부를 판단한다.

③ 직장의 변경으로 세대전원이 다른 시로 주거를 이전하는 경우 6개월간 거주한 1주택을 양도하면 비과세된다.

④ 1세대가 농어촌 주택인 귀농주택을 취득한 날부터 5년 내에 일반주택을 양도한 경우 1세 대 1주택으로 보아 비과세규정을 적용한다.

⑤ 다가구주택(보유 2년 이상)을 1주택으로 소유한 1세대가 해당 하나의 매매단위로 하여 양도하는 경우 과세한다.

정답 ④

해설

① 부부가 각각 1주택을 2년 이상 보유하다가 그 중 하나의 주택을 양도하는 경우에는 1세대 2주택으로 과세 규정한다.

② 1주택을 보유하는 자가 1주택을 보유하는 자와 혼인함으로써 1세대가 2주택을 보유하게 되는 경우 그 혼인한 날로부터 5년 이내에 먼저 양도하는 주택은 이를 1세대 1주택으로 보아 비과세 여부를 판단한다.

③ 직장의 변경으로 세대전원이 다른 시로 주거를 이전하는 경우 1년 이상 거주한 1주택을 양도하면 비과세된다.

⑤ 다가구주택(보유 2년 이상)을 1주택으로 소유한 1세대가 해당 하나의 매매단위로 하여 양도하는 경우 비과세한다.

16 다음은 소득세법령상 1세대 1주택에 대한 양도소득세의 비과세 적용요건 중 보유기간 및 거주기간의 제한을 받지 아니하는 경우를 나열한 것이다. 이에 해당하지 않는 것은?

① 「임대주택법」에 의한 건설임대주택을 취득하여 양도하는 경우로서 당해 건설임대주택의 임차일부터 양도일까지의 거주기간이 5년 이상인 경우

② 「해외이주법」에 의한 해외이주로 세대전원이 출국함으로써 출국일로부터 2년 내에 양도하는 경우

③ 주택 및 그 부수토지의 전부 또는 일부가 「공익사업을 위한 토지 등의 취득 및 보상에 관한 법률」에 의한 협의 매수·수용되는 경우

④ 1년 이상 계속하여 국외거주를 필요로 하는 취학 또는 근무상의 형편으로 세대전원이 출국하는 경우. 다만, 출국일 현재 1주택을 보유하고 있는 경우로서 출국일부터 2년 이내에 양도하는 경우

⑤ 취득 후 1년간 보유한 주택을 사업상의 형편으로 세대전원이 다른 시(도농복합형태의 시의 읍·면지역 포함)·군으로 주거를 이전함으로써 양도하는 경우

정답 ⑤

해설

⑤ 취득 후 1년 거주한 주택을 취학·근무·요양상의 형편으로 세대전원이 다른 시(도농복합형태의 시의 읍·면지역 포함)·군으로 주거를 이전함으로써 양도하는 경우는 보유거주 제한을 받지 아니한다.

17 다음은 양도소득세가 비과세되는 1세대 1주택에 대한 설명이다. 옳은 것을 모두 고르시오.

① 비거주자가 해당 주택을 2년 이상 계속 보유하고 그 주택에서 거주한 상태로 거주자로 전환된 경우에 해당 주택에 대한 거주기간 및 보유기간을 통산한다.

② 거주 혹은 보유 중에 소실 등으로 인하여 멸실되어 재건축한 주택은 그 멸실된 주택과 재건축한 주택에 대한 기간을 통산하여 거주 또는 보유기간을 계산한다.

③ 1세대 1주택으로서 건축법에 의한 건축허가를 받지 아니하여 등기가 불가능한 자산은 미등기 양도 자산으로 보지 않으므로 비과세를 적용받을 수 있다.

④ 사용인의 기거를 위하여 공장에 부수된 건물을 합숙소로 사용하고 있는 경우 당해 합숙소는 주택으로 본다

⑤ 1세대가 종전 주택을 취득하여 1년이 경과한 후에 다른주택을 취득하여 일시적 2주택인 경우 취득일로부터 3년 후에 새로이 취득한 다른 주택을 양도한 경우는 1세대 1주택으로 본다.

정답 ②③

해설

① 비거주자가 해당 주택을 3년 이상 계속 보유하고 그 주택에서 거주한 상태로 거주자로 전환된 경우에 해당 주택에 대한 거주기간 및 보유기간을 통산한다.

④ 사용인의 기거를 위하여 공장에 부수된 건물을 합숙소로 사용하고 있는 경우 당해 합숙소는 주택으로 보지 아니한다.

⑤ 1세대가 종전 주택을 취득하여 1년이 경과한 후에 다른 주택을 취득하여 일시적 2주택인 경우 취득일로부터 3년 내에 종전주택을 양도한 경우는 1세대 1주택으로 본다.

18 다음은 양도소득세가 비과세되는 1세대 1주택에 대한 설명이다. 옳은 것은?

① 1세대 1주택이란 1세대가 양도일 현재 국내에 1주택만을 보유하고 있는 경우로서 당해 주택에서의 거주기간이 2년 이상인 것을 말한다.

② 거주 혹은 보유 중에 소실 등으로 인하여 멸실되어 재건축한 주택은 그 멸실된 주택과 재건축한 주택에 대한 기간을 통산하여 거주 또는 보유기간을 계산한다.

③ 1세대가 주택(부수토지 포함)과 조합원입주권 또는 분양권(2021.1.1. 이후 공급계약, 매매 또는 증여 방법으로 취득한 분양권부터 적용)을 보유하다가 그 주택을 양도한 경우에는 1세대 1주택으로 본다.

④ 주택정착면적의 7배 이내의 부수토지도 주택으로 본다.

⑤ 주택과 상가가 복합되어 상가면적이 클 경우는 전부 상가로 보아 양도소득세를 과세한다.

정답 ②

해설

① 1세대 1주택이란 1세대가 양도일 현재 국내에 1주택만을 보유하고 있는 경우로서 당해 주택에서의 보유기간이 2년 이상인 것을 말한다.

③ 1세대가 주택(부수토지 포함)과 조합원입주권 또는 분양권(2021.1.1. 이후 공급계약, 매매 또는 증여 방법으로 취득한 분양권부터 적용)을 보유하다가 그 주택을 양도한 경우에는 1세대 1주택으로 보지 아니한다.

④ 주택의 부수토지는 주택 정착면적의 도시지역 내 수도권지역 내 주거·상업·공업지역 3배, 녹지지역·개발제한구역 내·수도권지역 밖 5배, 도시지역 밖은 10배를 말한다.

⑤ 주택과 상가가 복합되어 상가면적이 클 경우는 상가부문만 상가로 보아 양도소득세를 과세한다.

19 다음은 양도소득세가 비과세되는 1세대 1주택에 대한 설명이다. 옳은 것은?

① 2개 이상의 주택을 같은 날에 동시에 양도한 경우에는 양도소득세 세액이 크게 나온 것을 먼저 양도한 것으로 본다.

② 관광용 숙박시설인 콘도미니엄을 10년간 보유하다 양도하는 경우 1세대 1주택으로 본다.

③ 양도일 현재 1조합원입주권 외에 1주택을 소유한 경우로서 해당 1주택을 취득한 날부터 3년 이내에 해당 조합원입주권을 양도하는 경우 1세대1주택으로 본다.

④ 국외주택을 1주택으로 양도한 경우 1주택으로 본다.

⑤ 증여받은 주택으로서 수증자와 증여자가 증여개시 당시 동일세대인 경우에는 동일세대로서 보유한 기간·거주기간 계산함에 있어서 통산한다.

정답 ③

해설

① 2개 이상의 주택을 같은 날에 동시에 양도한 경우에는 당해 거주자가 선택하는 순서에 따라 주택을 양도한 것으로 본다.

② 관광용 숙박시설인 콘도미니엄은 주택에 해당되지 아니한다.

④ 국내의 1주택을 소유하여야 하므로 국외 주택은 주택수에 포함하지 않고 과세된다.

⑤ 증여받은 주택으로서 수증자와 증여자가 증여개시 당시 동일세대인 경우에는 동일세대로서 보유한기간·거주기간 계산함에 있어서 통산하지 아니한다. 상속개시 당시 동일세대인 경우에는 상속개시 전에 상속인과 피상속인이 동일세대로서 보유한 기간은 통산한다.

20 현행 「소득세법」에서 규정하는 토지의 양도 및 취득의 시기에 관하여 옳은 것은?

① 「민법」에 의해 20년간의 소유의사로 부동산을 점유한 후 등기하므로 인하여 소유권을 취득한 경우에는 당해 부동산의 등기·등록일이 취득시기가 된다.

② 계약서상 잔금지급일이 원칙이다.

③ 부동산의 소유권이 타인에게 이전되었다가 법원의 무효판결에 의하여 해당 자산의 소유권이 환원된 경우 취득시기는 법원의 무효판결일이다.

④ 장기할부조건의 경우 취득시기는 소유권이전등기(등록 및 명의개서 포함)접수일·인도일 또는 사용수익일 중 빠른 날이다.

⑤ 상속에 의하여 취득한 토지의 양도 및 취득의 시기는 토지의 상속 등기일이 된다.

20-1 증여에 의하여 취득한 토지의 양도 및 취득의 시기는 계약일이 된다. (○, ×)

20-2 경매에 의하여 자산을 취득하는 경우에는 경매인이 경매조건에 의하여 중도금을 지급한 날이 취득시기이다. (○, ×)

20-3 환지처분으로 인하여 교부받은 토지의 면적이 환지처분에 의한 권리의 면적보다 증가 또는 감소된 경우의 양도 또는 취득의 시기는 한지처분공고가 있는 날의 다음 날로 한다. (○, ×)

20-4 건축물의 자가 신축으로 허가 받은 경우의 취득의 시기는 건축 허가일이다. (○, ×)

20-5 소유권에 관한 소송으로 보상금이 공탁된 경우에는 소유권 관련 공탁금 지급일로 한다. (○, ×)

20-6 배우자로부터 증여받은 자산을 10년 내에 양도하여 이월과세 규정이 적용되는 경우에는 증여한 자가 당해 자산을 취득한 날을 취득시기로 하여 취득가액·장기보유특별공제·세율을 적용한다. (○, ×)

정답 ④

해설
① 「민법」의 점유에 의한 취득시기인 경우 20년간의 소유의사로 부동산을 점유한 후 등기하므로 인하여 소유권을 취득한 경우에는 점유개시일이 취득시기가 된다.
② 대금청산일이 원칙이다. 이 경우의 대금에는 당해 자산의 양도에 대한 양도소득세 및 양도소득세의 부가세액을 양수자가 부담하기로 약정한 경우에는 당해 양도소득세 및 양도소득세의 부가세액을 '대금'에서 제외한다.
③ 부동산의 소유권이 타인에게 이전되었다가 법원의 무효판결에 의하여 해당 자산의 소유권이 환원된 경우 취득시기는 당초 자산의 취득일이다.
⑤ 상속에 의하여 취득한 토지의 양도 및 취득의 시기는 상속개시일이 취득일이 된다.
20-1 증여에 의하여 취득한 토지의 양도 및 취득의 시기는 계약일이 된다. (×) ⇨ 증여 받은 날
20-2 경매에 의하여 자산을 취득하는 경우에는 경매인이 경매조건에 의하여 중도금을 지급한 날이 취득시기이다. (×) ⇨ 경락대금 완납일
20-3 환지처분으로 인하여 교부받은 토지의 면적이 환지처분에 의한 권리의 면적보다 증가 또는 감소된 경우의 양도 또는 취득의 시기는 한지처분공고가 있는 날의 다음 날로 한다. (○)
20-4 건축물의 자가 신축으로 허가 받은 경우의 취득의 시기는 건축 허가일이다. (×) ⇨ 사용승인서 교부일
20-5 소유권에 관한 소송으로 보상금이 공탁된 경우에는 소유권 관련 공탁금 지급일로 한다. (×) ⇨ 판결 확정일
20-6 배우자로부터 증여받은 자산을 10년 내에 양도하여 이월과세 규정이 적용되는 경우에는 증여한 자가 당해 자산을 취득한 날을 취득시기로 하여 취득가액·장기보유특별공제·세율을 적용한다. (○)

21 다음은 양도소득세 양도가액 및 취득가액의 산정에 대한 내용이다. 옳은 것은 몇 개인가?

> ㉠ 丙과 특수관계에 있는 거주자가 시가 5억원의 토지를 丙에게 3억원에 양도한 경우 양도가액은 3억원이다.
> ㉡ 취득 당시의 실지거래가액의 확인을 위하여 필요한 장부・매매계약서・영수증 기타 증빙서류가 없을 때 추계조사하여 양도소득 과세표준 및 세액을 결정 또는 경정하는 경우 매매사례가액, 감정가액, 환산가액, 기준시가를 순차로 적용한다.
> ㉢ 당초 약정에 의한 거래가액에 지급기일의 지연으로 인하여 추가로 발생하는 이자상당액은 필요경비에 포함하지 아니한다.
> ㉣ 당사자가 약정에 의한 대금지급방법에 따라 취득가액에 이자상당액을 가산하여 거래가액을 확정하는 경우 당해 이자상당액은 취득가액에 포함하지 아니한다.
> ㉤ 보유기간 중에 취득 관련 쟁송자산의 소유권확보에 직접 소요된 소송비용・화해비용 등을 사업소득금액 계산시 필요경비에 산입하였거나 산입할 금액이 있는 경우는 필요경비에 포함한다.
> ㉥ 토지 이용편의를 위한 당해 토지에 도로를 신설하여 국가 또는 지방자치단체에 이를 무상으로 공여한 경우의 도로로 된 토지의 가액은 필요경비에 포함한다.
> ㉦ 자산을 양도하기 위하여 직접 지출한 양도소득세 과세표준 신고서작성비용은 양도비용으로 필요경비에 포함된다.
> ㉧ 자산취득시 매입한 국민주택채권을 만기 전 금융기관에 양도하여 발생하는 현금 수령액은 양도비용으로 필요경비에 산입된다.
> ㉨ 자산을 취득함에 있어서 법령의 규정에 의하여 매입한 국민주택채권과 토지개발채권을 금융기관 외의 자에게 양도한 경우의 발생한 채권의 매각차손도 양도비용으로 매각차손 전액을 필요경비에 산입된다.
> ㉩ 「하천법」에 의하여 시행하는 사업으로 인하여 해당사업구역 내의 토지소유자가 부담한 수익자부담금・환지청산금 등의 사업비용은 자본적지출로 필요경비에 포함한다.
> ㉪ 위약금은 필요경비에 포함한다.
> ㉫ 특수관계자와의 거래로서 부당행위계산의 부인규정에 의한 시가초과액은 필요경비에 포함한다.
> ㉬ 실지거래가에 의한 필요경비에는 실지취득가, 자본적지출, 양도비, 필요경비 개산공제이다.

① 1개   ② 2개   ③ 3개
④ 4개   ⑤ 5개

21-1 토지의 취득가액을 매매사례가액으로 계산하는 경우 취득당시 개별공시지가에 3/100을 곱한 금액이 필요경비에 포함된다. (○, ×)

21-2 취득가액을 기준시가에 따를 때에는 자본적지출과 양도비용을 필요경비에 포함한다. (○, ×)

21-3 취득가액을 환산가액으로 하는 경우 환산취득가액과 필요경비개산공제의 합계액이 자본적지출과 양도비용의 합계액보다 적은 경우는 자본적지출과 양도비용을 필요경비로 한다. (○, ×)

21-4 주택의 취득대금에 충당하기 위한 대출금의 이자지급액은 필요경비에 포함하지 아니한다. (○, ×)

21-5 1세대 1주택을 비과세요건을 고가주택의 양도차익이 5억원이고, 양도가액이 15억원인 경우 양도소득세가 과세되는 양도차익은 1억원이다. (○, ×)

정답 ⑤ 옳은 것은 ⓛⓒⓗⓢⓩ으로 5개이다.

해설

ⓡ 당사자가 약정에 의한 대금지급방법에 따라 취득가액에 이자상당액을 가산하여 거래가액을 확정하는 경우 당해 이자상당액은 취득가액에 포함한다.

ⓜ 보유기간 중에 취득 관련 쟁송자산의 소유권확보에 직접소요된 소송비용·화해비용 등을 사업소득금액 계산시 필요경비에 산입하였거나 산입할 금액이 있는 경우는 필요경비에 불포함한다(＝취득가액에서 공제한다).

ⓞ 자산취득시 매입한 국민주택채권을 만기 전 금융기관에 양도하여 발생하는 현금 수령액은 필요경비에 불포함되며, 채권매각차손이 필요경비로 포함된다(한도는 은행 한도).

ⓩ 자산을 취득함에 있어서 법령의 규정에 의하여 매입한 국민주택채권과 토지개발채권을 금융기관 외의 자에게 양도한 경우의 발생한 채권의 매각차손도 양도비용으로 은행 한도로 필요경비에 포함된다.

ⓚ 위약금은 필요경비에 불포함한다.

ⓣ 특수관계자와의 거래로서 부당행위계산의 부인규정에 의한 시가초과액은 필요경비에 불포함한다.

ⓟ 실지거래가에 의한 필요경비에는 실지취득가, 자본적지출, 양도비이다. 필요경비 개산공제는 추계결정의 경우(매매사례가, 감정가, 기준시가) 적용된다.

21-1 토지의 취득가액을 매매사례가액으로 계산하는 경우 취득당시 개별공시지가에 3/100을 곱한 금액이 필요경비에 포함된다. (○)

21-2 취득가액을 기준시가에 따를 때에는 자본적지출과 양도비용을 필요경비에 포함한다. (×) ⇨ 자본적지출과 양도비용은 실지거래가에 의한 필요경비이다. 기준시가 또는 매매사례가일 때는 자본적지출과 양도비용 대신 필요경비개산공제(취득시점 기준시가 × 3%)가 적용된다.

21-3 취득가액을 환산가액으로 하는 경우 환산취득가액과 필요경비개산공제의 합계액이 자본적지출과 양도비용의 합계액보다 적은 경우는 자본적지출과 양도비용을 필요경비로 한다. (○)

21-4 주택의 취득대금에 충당하기 위한 대출금의 이자지급액은 필요경비에 포함하지 아니한다. (○)

21-5 1세대 1주택을 비과세요건을 고가주택의 양도차익이 5억원이고, 양도가액이 15억원인 경우 양도소득세가 과세되는 양도차익은 1억원이다. (○)

22 「소득세법」상 장기보유특별공제에 관한 설명으로 옳은 것은? (다만, 양도자산은 비과세되지 아니함)

① 등기된 토지 또는 건물·조합원입주권으로 그 자산의 보유기간이 3년 이상인 것에 대하여 적용한다.

② 보유기간이 13년인 등기된 상가건물의 보유기간별 공제율은 양도가액의 100분의 26이다.

③ 1세대 1주택이고 해당 주택이 조정지역 내의 고가 주택(보유 3년, 1년 5개월 거주)인 경우 장기보유특별공제가 적용될 수 없다.

④ 10년 이상 보유한 고가주택의 장기보유특별공제액은 1세대 1주택에 관계없이 양도차익의 80%에 해당하는 금액으로 한다.

⑤ 1세대 2주택으로 보유 3년 주택을 양도한 경우에는 장기보유특별공제가 적용되지 아니한다.

정답 ①

해설
② 보유기간이 13년인 등기된 상가건물의 보유기간별 공제율은 양도차익의 100분의 26이다.

③ 1세대 1주택이고 해당 주택이 조정지역 내의 고가 주택(보유 3년, 1년 5개월 거주)인 경우 장기보유특별공제가 적용된다.

④ 1세대 1주택으로 10년 이상 보유하고 10년 이상 거주한 고가주택을 양도한 경우 장기보유특별공제액은 양도차익의 80%이다.

⑤ 1세대 2주택으로 보유 3년 주택을 양도한 경우에는 장기보유특별공제가 적용한다.

23 「소득세법」상 배우자 간 증여재산의 이월과세에 관한 설명으로 옳은 것은?

① 이월과세를 적용하는 경우 거주자가 배우자로부터 증여받은 자산에 대하여 납부한 증여세를 필요경비에 산입하지 아니한다.

② 이월과세를 적용받은 자산의 보유기간은 증여한 배우자가 그 자산을 증여한 날을 취득일로 본다.

③ 거주자가 양도일부터 소급하여 10년 이내에 그 배우자(양도 당시 사망으로 혼인관계가 소멸된 경우 포함)로부터 증여받은 토지를 양도할 경우에 이월과세를 적용한다.

④ 거주자가 사업인정고시일부터 소급하여 2년 이전에 배우자로부터 증여받은 경우로서 「공익사업을 위한 토지 등의 취득 및 보상에 관한 법률」에 따라 수용된 경우에는 이월과세를 적용하지 아니한다.

⑤ 이월과세를 적용하여 계산한 양도소득결정세액이 이월과세를 적용하지 않고 계산한 양도소득결정세액보다 적은 경우에 이월과세를 적용한다.

[정답] ④

[해설]

① 이월과세 적용된 이미 납부한 증여세는 필요경비에 포함한다.

② 이월과세를 적용받은 자산의 취득일은 증여한 배우자의 취득일을 취득일로 본다.

③ 배우자(양도 당시 혼인관계가 소멸된 경우를 포함하되, 사망으로 혼인관계가 소멸된 경우는 제외한다)

⑤ 이월과세를 적용하여 계산한 양도소득결정세액이 이월과세를 적용하지 않고 계산한 양도소득결정세액보다 적은 경우에 이월과세를 적용하지 아니한다.

24 「소득세법」상 거주자 甲이 특수관계자인 거주자 乙에게 등기된 국내 소재의 건물(주택 아님)을 증여하고 乙이 그로부터 10년 내 그 건물을 甲·乙과 특수관계 없는 거주자 丙에게 양도한 경우에 관한 설명으로 틀린 것은?

① 乙이 甲의 배우자인 경우, 乙의 양도차익 계산시 취득가액은 甲이 건물을 취득한 당시의 취득가액으로 한다.

② 乙이 甲의 배우자 및 직계존비속 외의 자인 경우 乙의 증여세와 양도소득세를 합한 세액이 甲이 직접 丙에게 건물을 양도한 것으로 보아 계산한 양도소득세보다 적은 때에는 甲이 丙에게 직접 양도한 것으로 본다.

③ ②의 경우 양도소득세의 납세의무자는 양도한 자인 乙이며, 이미 납부한 증여세는 필요경비에 포함한다.

④ ①②의 경우 건물에 대한 장기보유특별공제액은 건물의 양도차익에 甲이 건물을 취득한 날부터 기산한 보유기간별 공제율을 곱하여 계산한다.

⑤ ①의 경우에 해당되는 양도소득세의 과세대상 물건은 토지·건물·특정시설물회원권·부동산취득권리이나, ②에 해당하는 물건은 양도소득세 과세대상에 해당하는 물건을 말한다.

정답 ③

해설

③ 특수관계인과의 거래로 乙의 증여세와 양도소득세를 합한 세액이 甲이 직접 丙에게 건물을 양도한 것으로 보아 계산한 양도소득세보다 적은 때에는 甲이 丙에게 직접 양도한 것으로 본다. 이때의 납세의무자는 증여자인 甲이다. 증여자가 납세의무자인 경우의 이미 납부한 증여세는 환급된다.

참고 특수관계인과의 거래로써 증여자에게 양도소득세 과세되는 경우 이미 납부한 증여세는 환급한다.

25 다음 항목은 양도소득기본공제에 대한 내용이다. 틀린 것은 몇 개인가?

> • 양도소득금액이 있는 거주자에게(소득자별로서) 소득금액별로 250만원 공제한다.
> • 미등기(부동산, 부동산에 관한 권리)의 경우 기본공제를 받을 수 없다.
>   * 기본공제는 보유기간에 따라 차등 공제한다.
> • 순차 공제한다.
>   * 1세대 2주택으로 조정지역내의 주택을 양도하여 10%의 할증세율이 적용된 경우는 기본공제 받을 수 없다.
> • 양도소득금액에서는 해당 과세기간에 먼저 양도한 자산의 양도소득금액에서부터 순서대로 공제한다.
>   * 국외자산의 양도의 경우는 장기보유특별공제 및 기본공제는 적용되지 아니한다.
>   * 국내거주자가 토지와 주식을 양도하는 경우 각각 발생한 결손금은 양도소득금액 계산시 이를 공제한다.
>   * 배우자부터 증여받은 토지·건물 또는 시설물이용·회원권을 5년 이내 제3자에게 양도한 경우의 소득세법상 증여이월과세규정에 적용되는 경우 기본공제는 적용되지 아니한다.

① 1개   ② 2개
③ 3개   ④ 4개
⑤ 5개

25-1 과세되는 3주택 모두를 동일연도에 양도한 경우 양도 자산마다 양도소득의 기본공제가 적용된다. (○, ×)

[정답] ⑤

[해설]

*기본공제는 보유기간과 무관하다.

*1세대 2주택으로 조정지역내의 주택을 양도하여 10%의 할증세율이 적용된 경우는 기본공제 적용된다.

*국외자산의 양도의 경우는 장기보유특별공제 적용되지 아니하나, 기본공제는 적용된다.

*국내거주자가 토지와 주식을 양도하는 경우 각각 발생한 결손금은 양도소득금액 계산시 이를 공제하지 못한다. 부동산 그룹에서 발생한 양도차손은 같은 부동산그룹에서 발생한 양도소득금액에서 공제한다.

*증여이월과세규정에 적용되는 경우 기본공제는 적용한다.

25-1 과세되는 3주택 모두를 동일연도에 양도한 경우 양도 자산마다 양도소득의 기본공제가 적용된다. (×) ➡ 동일연도에 부동산 그룹으로 양도한 경우이니, 소득별로 250만원 공제된다.

26 「소득세법」상 양도소득세에 있어서 초과누진세율이 적용되는 경우로서 옳은 것은?

① 미등기 국외 토지를 6개월 보유하고 양도한 경우 또는 회원제 골프회원권으로서 보유기간이 6개월인 경우

② 등기된 토지 또는 건물로서 보유기간이 8개월인 경우

③ 보유기간이 1년 2개월인 경우의 아파트 분양권의 양도한 경우 또는 보유기간이 1년 10개월인 조합원의 입주권을 양도한 경우

④ 1세대 3주택으로서 보유기간이 7개월인 주택을 양도한 경우

⑤ 주권상장법인의 대주주 소유주식이 증권시장에서 거래되는 것으로서 보유기간이 10개월인 경우

26-1 피상속인 1년 8개월 보유한 토지를 상속 받아 1년 7개월 보유하고 양도한 경우 장기보유특별공제는 적용되지 아니하고, 기본공제를 적용한 과세표준에 적용할 세율은 6%~45% 누진세율이 적용된다. (○, ×)

정답 ①

해설

① 국외 부동산 및 기타자산은 등기여부, 보유기간 따지지 않고, 6%~45%의 누진세율이 적용된다.

② 등기된 토지 또는 건물로서 보유기간이 8개월인 경우 ⇨ 50%

③ 보유기간이 1년 2개월인 경우의 아파트 분양권의 양도한 경우 또는 보유기간이 1년 10개월인 조합원의 입주권을 양도한 경우 ⇨ 60%

④ 1세대 3주택으로서 보유기간이 7개월인 주택을 양도한 경우 ⇨ 70%

⑤ 주권상장법인의 대주주 소유주식이 증권시장에서 거래되는 것으로서 보유기간이 10개월인 경우 ⇨ 30%

26-1 피상속인 1년 8개월 보유한 토지를 상속 받아 1년 7개월 보유하고 양도한 경우 장기보유특별공제는 적용되지 아니하고, 기본공제를 적용한 과세표준에 적용할 세율은 6%~45% 누진세율이 적용된다. (○) ⇨ 상속의 경우 일반적으로 취득시기는 상속개시일, 세율 적용의 경우 취득시기는 피상속인의 취득일로 기산한다.

27 「소득세법」상 미등기부동산을 양도한 경우에도 적용될 수 있는 것을 모두 고른 것은?

> ㉠ 양도소득세의 비과세 규정　　　　㉡ 필요경비
> ㉢ 양도소득기본공제　　　　　　　　㉣ 장기보유특별공제
> ㉤ 분납　　　　　　　　　　　　　　㉥ 감면

① ㉠
② ㉡, ㉤
③ ㉠, ㉡
④ ㉡, ㉢
⑤ ㉠, ㉡, ㉣

정답 ②

28 소득세법상 미등기양도제외자산을 모두 고른 것은?　　　　　　제32회 기출

> ㉠ 양도소득세 비과세요건을 충족한 1세대 1주택으로서 「건축법」에 따른 건축허가를 받지 아니하여 등기가 불가능한 자산
> ㉡ 법원의 결정에 의하여 양도 당시 그 자산의 취득에 관한 등기가 불가능한 자산
> ㉢ 「도시개발법」에 따른 도시개발사업이 종료되지 아니하여 토지 취득 등기를 하지 아니하고 양도하는 토지

① ㉠
② ㉡
③ ㉠, ㉡
④ ㉡, ㉢
⑤ ㉠, ㉡, ㉢

28-1 법원의 결정에 의하여 양도당시 취득에 관한 등기가 불가능한 부동산에 대하여는 장기보유특별공제가 적용되지 아니한다. (○, ×)

정답 ⑤

28-1 법원의 결정에 의하여 양도당시 취득에 관한 등기가 불가능한 부동산에 대하여는 장기보유특별공제가 적용되지 아니한다. (×) ⇨ 법원의 결정에 의하여 양도당시 취득에 관한 등기가 불가능한 부동산은 미등기제외 자산으로 등기된 것으로 보아 장기보유특별공제 또는 기본공제 적용된다.

29 「소득세법」상 거주자의 양도소득과세표준의 신고 및 납부에 관한 설명으로 옳은 것은?

① 2024년 3월 21일에 주택을 양도하고 잔금을 청산한 경우 2024년 6월 30일에 예정신고할 수 있다.

② 사촌 동생인 을에게 2024년 5월 25일에 증여하였다. 사촌 동생인 을은 그 토지에 의하여 담보된 갑의 은행 대출채무를 인수하였다. 이 경우 수증자가 9월 30일까지 예정신고할 수 있다.

③ 양도차손이 발생한 경우 예정신고하지 아니한다.

④ 양도한 자산의 과세표준이 없거나, 결손금이 발생한 경우로 예정신고 하지 아니한 경우 확정신고 하여야 한다. 확정신고한 경우 무신고 가산세는 가산되지 아니한다.

⑤ 예정신고하지 않은 거주자가 해당 과세기간의 과세표준이 없는 경우 확정신고한다.

29-1 예정신고를 한 자는 해당 소득에 대한 확정신고를 하지 아니할 수 있다. 다만, 해당 과세기간에 누진세율 적용대상 자산에 대한 예정신고를 2회 이상 하는 경우는 확정신고한다. (○, ×)

정답 ⑤

해설

① 2024년 3월 21일에 주택을 양도하고 잔금을 청산한 경우 2024년 5월 31일까지 예정신고할 수 있다.

② 사촌 동생인 을에게 2024년 5월 25일에 증여하였다. 사촌 동생인 을은 그 토지에 의하여 담보된 갑의 은행 대출채무를 인수하였다. 이 경우 증여자가 8월 31일까지 예정신고할 수 있다.

③ 양도차손이 발생한 경우 예정신고한다.

④ 양도한 자산의 과세표준이 없거나, 결손금이 발생한 경우로 예정신고 하지 아니한 경우 확정신고 하여야 한다. 확정신고한 경우 무신고 가산세는 가산된다(10%).

29-1 예정신고를 한 자는 해당 소득에 대한 확정신고를 하지 아니할 수 있다. 다만, 해당 과세기간에 누진세율 적용대상 자산에 대한 예정신고를 2회 이상 하는 경우는 확정신고한다. (○)

30 다음은 국외자산에 대한 양도소득세를 설명하고 있다. 옳은 것은?

① 국외자산의 양도가액은 실지거래가액이 있더라도 양도 당시 현황을 반영한 시가에 의하는 것이 원칙이다.

② 국외주택에 대한 양도차익은 양도가액에서 취득가액과 필요경비개산공제를 차감하여 계산한다.

③ 등기·미등기 부동산임차권 모두 과세한다.

④ 양도차익 계산시 필요경비의 외화환산은 지출일 현재 외국환거래법에 의한 기준환율만 적용되며, 외환 차익을 포함한다.

⑤ 15년 이상 보유한 국외 토지·건물의 장기보유특별공제는 양도차익의 30%이다.

30-1 국외자산의 양도소득에 대하여 당해 외국에서 납부하였거나 납부할 국외자산 양도소득세액이 있는 경우에는 외국납부세액공제와 양도소득금액 계산상 필요경비에 산입하는 방법 중 하나를 선택하여 적용받을 수 있다. (○, ×)

[정답] ③

[해설]

① 국외자산의 양도가액의 원칙은 실지거래가이다.

② 필요경비개산공제는 기준시가일 때 필요경비에 적용된다. 국외 자산의 양도의 경우 기준시가는 적용되지 아니하여, 필요경비개산공제가 적용되지 않고, 실지거래가에 의한 필요경비인 실지취득가액, 자본적지출, 양도비용이 적용된다.

④ 재정환율도 적용, 외환차익은 제외한다.

⑤ 국외의 경우 장기보유특별공제는 적용 불가하다.

30-1 국외자산의 양도소득에 대하여 당해 외국에서 납부하였거나 납부할 국외자산 양도소득세액이 있는 경우에는 외국납부세액공제와 양도소득금액 계산상 필요경비에 산입하는 방법 중 하나를 선택하여 적용받을 수 있다. (○)

31 다음은 취득세의 부과징수에 대한 설명이다. 옳은 것은?

① 과세물건을 취득한 후 중과세 세율 적용대상이 되었을 경우 60일 이내에 산출세액에서 이미 납부한 세액(가산세 제외)을 공제하여 신고·납부하여야 한다.

② 취득세 과세물건을 취득한 자가 재산권의 취득에 관한 사항을 등기하는 경우 등기한 후 60일 내에 취득세를 신고·납부하여야 한다.

③ 주거용 건축물을 취득한 날부터 30일 이내에 주거용이 아닌 용도로 사용하거나 고급주택이 아닌 용도로 사용하기 위하여 용도변경공사를 착공하는 경우는 고급주택으로 보지 아니한다.

④ 부동산을 증여의 원인으로 취득한 경우에 취득일(계약일)로부터 6개월 내에 신고납부한다.

⑤ 토지의 지목변경에 따라 사실상 그 가액이 증가된 경우, 취득세의 신고를 하지않고 매각하는 경우에는 산출세액에 80%를 가산한 세액을 보통징수방법에 의하여 부과·징수한다.

정답 ①

해설

② 취득세 과세물건을 취득한 자가 재산권의 취득에 관한 사항을 등기하는 경우 신청서접수 날까지 취득세를 신고·납부하여야 한다.

③ 주거용 건축물을 취득한 날부터 60일 이내에 주거용이 아닌 용도로 사용하거나 고급주택이 아닌 용도로 사용하기 위하여 용도변경공사를 착공하는 경우는 고급주택으로 보지 아니한다.

④ 부동산을 증여의 원인으로 취득한 경우에 취득일(계약일)이 속하는 달의 말일로부터 60일 내에 신고납부한다.

⑤ 토지의 지목변경에 따라 사실상 그 가액이 증가된 경우, 취득세의 신고를 하지않고 매각하는 경우에는 산출세액에 80%를 가산하지 아니한다.

32 다음 자료에 의한 취득세 과세대상의 목적물이 가장 바르게 연결된 것은?

㉠ 골프장
㉡ 지역권
㉢ 부동산임차권
㉣ 영업권
㉤ 회원제 체육 시설이용권
㉥ 어업권
㉦ 입목
㉧ 기계장치
㉨ 시가표준액 3억원 초과한 비업용 자가용 선박

---

① ㉠-㉤-㉥-㉦-㉨
② ㉤-㉥-㉦-㉧
③ ㉡-㉢-㉣-㉧
④ ㉠-㉥-㉦-㉧
⑤ ㉢-㉥-㉦-㉧

정답 ①

33 「지방세법」상 과점주주의 간주취득세가 과세되는 경우가 아닌 것은 모두 몇 개인가?

㉠ 비상장법인 설립시에 발행하는 주식을 취득함으로써 과점주주가 된 경우
㉡ 과점주주가 아닌 주주가 다른 주주로부터 주식을 취득함으로서 최초로 과점주주가 된 경우
㉢ 이미 과점주주가 된 주주가 해당 비상장법인의 주식을 취득하여 해당법인의 주식 총액에 대한 과점주주가 가진 주식의 비율이 증가된 경우
㉣ 과점주주 집단 내부에서 주식이 이전되었으나, 과점주주 집단이 소유한 총주식의 비율에 변동이 없는 경우

---

① 0개
② 1개
③ 2개
④ 3개
⑤ 4개

33-1 과점주주란 주주 또는 유한책임사원 1인과 그와 법령으로 정하는 친족이나 그 밖의 특수관계에 있는 자로서 그들의 소유주식의 합계가 발행주식총수의 100분의 50 이상 자들을 말한다. (○, ×)

33-2 과점주주였으나 주식 등의 양도 등으로 과점주주에 해당하지 아니하게 되었다가 해당 법인의 주식 등을 취득하여 다시 과점주주가 된 경우에는 다시 과점주주가 된 당시의 주식 등의 비율이 그 이전에 과점주주가된 당시의 주식 등의 비율보다 증가된 경우에만 그 증가분만을 취득으로 보아 취득세를 부과한다. (○, ×)

[정답] ③

[해설]

㉠㉣로 2개

33-1 과점주주란 주주 또는 유한책임사원 1인과 그와 법령으로 정하는 친족이나 그 밖의 특수관계에 있는 자로서 그들의 소유주식의 합계가 발행주식총수의 100분의 50 이상 자들을 말한다. (×) ⇨ 소유주식의 합계가 발행주식총수의 100분의 50 초과한 자

33-2 과점주주였으나 주식 등의 양도 등으로 과점주주에 해당하지 아니하게 되었다가 해당 법인의 주식 등을 취득하여 다시 과점주주가 된 경우에는 다시 과점주주가 된 당시의 주식 등의 비율이 그 이전에 과점주주가된 당시의 주식 등의 비율보다 증가된 경우에만 그 증가분만을 취득으로 보아 취득세를 부과한다. (○)

34 「지방세법」상 취득세의 납세의무에 관한 설명으로 틀린 것을 모두 고르시오.

① 「공간정보의 구축 및 관리 등에 관한 법률」에 따른 대(垈) 중 국토의 계획 및 이용에 관한 법률 등 관계 법령에 따른 택지공사가 준공된 토지에 정원 또는 부속시설물 등을 조성·설치하는 경우에는 조성·설치한 택지공사가 취득한 것으로 본다.

② 신탁재산에 대한 실질적인 소유권 변동이 있는 경우로 「신탁법」에 따라 신탁재산의 위탁자 지위의 이전이 있는 경우에는 수탁자가 해당 신탁재산을 취득한 것으로 본다.

③ 주택법에 의한 주택조합과 도시 및 주거환경정비법에 의한 주택재건축조합이 당해 조합원용으로 취득하는 조합주택용 부동산(공동주택과 부대복리시설 및 그 부속토지)은 그 조합원이 취득한 것으로 본다.

④ 상속으로 인하여 취득하는 경우에는 상속인 각자가 상속받는 취득물건을 취득한 것으로 본다. 이 경우 상속인은 연대납세의무를 지운다.

⑤ 건축물 중 조작(造作) 설비, 그 밖의 부대설비에 속하는 부분으로서 그 주체구조부(主體構造部)와 하나가 되어 건축물로서의 효용가치를 이루고 있는 것에 대하여는 주체구조부 취득자 외의 자가 가설한 경우 이를 주체구조부 취득자가 함께 취득한 것으로 본다.

정답 ①②

해설

① 「공간정보의 구축 및 관리 등에 관한 법률」에 따른 대(垈) 중 국토의 계획 및 이용에 관한 법률 등 관계 법령에 따른 택지공사가 준공된 토지에 정원 또는 부속시설물 등을 조성·설치하는 경우에 토지소유자가 취득한 것으로 본다.

② 신탁재산에 대한 실질적인 소유권 변동이 있는 경우로 「신탁법」에 따라 신탁재산의 위탁자 지위의 이전이 있는 경우에는 새로운 위탁자가 해당 신탁재산을 취득한 것으로 본다.

35 「지방세법」상 취득세 비과세 대상인 것은?

① 「주택법」 제2조 제2호에 따른 공동주택의 개수(건축법에 따른 대수선은 제외한다)로 인한 취득당시 법 제4조에 따른 주택의 시가표준액이 9억원 이하인 주택과 관련된 개수로 인한 취득

② 공유물의 분할

③ 이전한 건축물의 가액이 종전 건축물의 가액을 초과하지 아니하는 경우 그 건축물의 이전

④ 국가 등에 귀속 등의 반대급부로 국가 등이 소유하고 있는 부동산 및 사회시반시설을 무상으로 양여 받거나 기부채납 대상물의 무상사용권을 제공받는 경우

⑤ 「민법」에 따른 재산분할

35-1 증여자의 채무를 인수하는 부담부(負擔附) 증여의 경우에는 그 채무액에 상당하는 부분은 부동산 등을 증여 취득하는 것으로 본다. (○, ×)

정답 ①

35-1 증여자의 채무를 인수하는 부담부(負擔附) 증여의 경우에는 그 채무액에 상당하는 부분은 부동산 등을 증여 취득하는 것으로 본다. (×) ⇨ 유상 취득이다. 부담부증여로서 채무 이외 나머지는 증여 취득. 배우자 또는 직계존비속의 부동산 등을 부담부증여로 취득하는 경우 채무와 채무 이외를 합하여 증여 취득으로 본다.

36 「지방세법」상 신탁(신탁법에 따른 신탁으로서 신탁등기가 병행된 것임)으로 인한 신탁재산의 취득으로서 취득세를 부과하는 경우는 모두 몇 개인가? 제29회 기출

> ㉠ 위탁자로부터 수탁자에게 신탁재산을 이전하는 경우
> ㉡ 신탁의 종료 또는 해지로 인하여 수탁자로부터 위탁자에게 신탁재산을 이전하는 경우
> ㉢ 수탁자가 변경되어 신수탁자에게 신탁재산을 이전하는 경우
> ㉣ 「주택법」에 따른 주택조합이 비조합원용 부동산을 취득하는 경우

① 0개   ② 1개
③ 2개   ④ 3개
⑤ 4개

정답 ②

37 다음은 취득세의 표준세율에 대한 설명이다. 틀린 것은?

① 원시취득 : 1천분의 28

② 상속으로 인한 농지의 취득 : 1천분의 23

③ 상속으로 농지 외의 토지 취득 : 1천분의 28

④ 비영리법인의 증여 원인으로 인한 주택 취득으로서 취득당시가액이 6억원 이하인 경우의 취득세의 표준세율은 1천분의 10

⑤ 합유물 및 총유물의 분할로 인한 취득 : 1천분의 23

유상 원인으로 농지 이외의 취득 : 1천분의 40

유상 원인으로 취득가액이 9억원 초과인 주택의 취득 : 1천분의 30

37-1 취득세의 탄력세율은 표준세율에서 50% 범위 내에서 가감조정할 수 있다. (○, ×)

37-2 나대지를 상호 교환하여 취득한 경우 취득세의 표준세율은 1,000분의 30으로 각 취득자에게 적용한다. (○, ×)

정답 ④

해설

④ 비영리법인의 증여 원인으로 인한 주택 취득으로서 취득당시가액이 6억원 이하인 경우의 취득세의 표준세율은 1,000분의 28

37-1 취득세의 탄력세율은 표준세율에서 50% 범위 내에서 가감조정할 수 있다. (○)

37-2 나대지를 상호 교환하여 취득한 경우 취득세의 표준세율은 1,000분의 30으로 각 취득자에게 적용한다. (×) ⇨ 유상의 원인으로 농지 이외의 취득으로 1,000분의 40

38 「지방세법」상 취득세 표준세율에서 중과기준세율을 뺀 세율로 산출한 금액을 그 세액으로 하는 것으로만 모두 묶은 것은? (단, 취득물건은 지방세법 제11조 제1항 제8호에 따른 주택 외의 부동산이며 취득세 중과대상이 아님)

> ㉠ 환매등기를 병행하는 부동산의 매매로서 환매기간 내에 매도자가 환매한 경우의 그 매도자와 매수자의 취득
> ㉡ 존속기간이 1년을 초과하지 아니한 임시건축물의 취득
> ㉢ 「민법」 제839조의2에 따라 이혼시 재산분할로 인한 취득
> ㉣ 등기부등본상의 본인 지분을 초과하지 않는 공유물의 분할로 인한 취득

① ㉠, ㉡   ② ㉡, ㉣
③ ㉢, ㉣   ④ ㉠, ㉡, ㉢
⑤ ㉠, ㉢, ㉣

정답 ⑤

39 「지방세법」상 취득세액을 계산할 때 세율의 특례를 적용하여 중과기준세율만을 적용하는 경우를 모두 고르면 몇 개인가?

> ㉠ 개수로 인하여 건축물 면적이 증가하는 경우 그 증가된 부분
> ㉡ 토지의 지목을 사실상 변경함으로써 그 가액이 증가한 경우
> ㉢ 법인설립 후 유상 증자시에 주식을 취득하여 최초로 과점주주가 된 경우
> ㉣ 상속으로 농지를 취득한 경우
> ㉤ 「민법」에 따른 재산분할로 인한 취득(본인 지분을 초과하지 아니함)
> ㉥ 건축물의 이전으로 인한 취득으로 이전한 건축물의 가액이 종전 건축물의 가액을 초과한 부분
> ㉦ 공유물의 분할로 인한 취득으로 등기부등본상 본인 지분을 초과한 부분
> ㉧ 상속으로 인한 취득세의 감면대상이 되는 농지(자경농지)의 취득
> ㉨ 환매등기를 병행하는 부동산의 매매로서 환매기간내에 매도자가 환매한 경우의 그 매도자와 매수자의 취득

① 2개   ② 3개
③ 4개   ④ 5개
⑤ 6개

정답 ①

해설
중과기준세율이 적용된 경우는 ㉡, ㉥으로 2개

40 「지방세법」상 취득세액을 계산할 때 표준세율 1,000분의 28를 적용하는 경우를 모두 고른 것은?

> ㉠ 개수
> ㉡ 토지의 지목을 사실상 변경함으로써 그 가액이 증가한 경우
> ㉢ 법인설립 후 유상 증자시에 주식을 취득하여 최초로 과점주주가 된 경우
> ㉣ 「민법」에 따른 재산분할로 인한 취득(본인 지분을 초과하지 아니함)
> ㉤ 건축물의 이전으로 인한 취득으로 이전한 건축물의 가액이 종전 건축물의 가액을 초과한 부분
> ㉥ 공유물의 분할로 인한 취득으로 등기부등본상 본인지분을 초과한 부분

① 1개   ② 2개
③ 3개   ④ 4개
⑤ 5개

정답 ①

해설

취득세의 표준세율이 1,000분의 28인 경우는 ㉤ 1개이다.

㉤ 건축물의 이전으로 인한 취득으로 이전한 건축물의 가액이 종전 건축물의 가액을 초과한 부분 ⇨ 초과되었으니 증축으로 원시취득의 표준세율로 1,000분의 28

㉠ 개수 ⇨ 1,000분의 20(중과기준세율)

㉡ 토지의 지목을 사실상 변경함으로써 그 가액이 증가한 경우 ⇨ 1,000분의 20(중과기준세율)

㉢ 법인설립 후 유상 증자시에 주식을 취득하여 최초로 과점주주가 된 경우 ⇨ 1,000분의 20(중과기준세율)

㉣ 「민법」에 따른 재산분할로 인한 취득(본인 지분을 초과하지 아니함) ⇨ 표준세율에서 1,000분의 20(중과기준세율)을 뺀 세율

㉥ 공유물의 분할로 인한 취득으로 등기부등본상 본인지분을 초과한 부분 ⇨ 초과되었으니, 유상 취득으로 표준세율이 적용된다. 농지이면 1,000분의 30, 농지 이외이면 1,000분의 40

41 「지방세법」상 취득세 표준세율에 중과기준세율의 100분의 200을 합한 세율을 적용하여 중과 세율이 적용되는 취득세 과세대상은 다음 중 모두 몇 개인가?

> ㉠ 임·직원 등인 소유의 고급주택
> ㉡ 골프 회원권
> ㉢ 고급오락장
> ㉣ 과밀억제권역 안에서 법인 본점으로 사용하는 사업용 부동산의 승계취득
> ㉤ 대도시에서 법인을 설립[휴면(休眠)법인 포함]하거나 지점 또는 분 사무소를 설치하는 경우

① 0개   ② 1개
③ 2개   ④ 4개
⑤ 5개

정답 ①

42 「지방세법」상 취득의 시기에 관한 설명으로 틀린 것은?

① 상속으로 인한 취득의 경우: 상속개시일
② 공매방법에 의한 취득의 경우: 그 사실상의 잔금지급일과 등기일 또는 등록일 중 빠른 날
③ 건축물(주택 아님)을 건축하여 취득하는 경우로서 사용승인서를 내주기 전에 임시사용 승인을 받은 경우: 그 임시사용승인일과 사실상의 사용일 중 빠른 날
④ 「민법」 제839조 2에 따른 재산분할로 인한 취득의 경우: 취득물건의 등기일 또는 등록일
⑤ 관계 법령에 따라 매립으로 토지를 원시취득하는 경우: 취득물건의 등기일

42-1 토지의 지목변경에 따른 취득은 토지의 지목이 사실상 변경된 날을 취득일로 본다. (○, ×)

42-2 부동산을 연부로 취득하는 것은 등기일에 관계없이 그 사실상의 최종연부금 지급일을 취득 일로 본다. (○, ×)

42-3 「도시 및 주거환경정비법」에 따른 재건축조합이 재건축 사업을 하면서 조합원으로부터 취득하는 토지 중 조합원에게 귀속되지 아니하는 토지를 취득하는 경우에는 같은 법에 따른 소유권이전 고시일의 다음 날에 그 토지를 취득한 것으로 본다. (○, ×) 제32회, 제28회 기출

42-4 「주택법」 제11조에 따른 주택조합이 주택 건설사업을 하면서 조합원으로부터 취득하는 토지 중 조합원에게 귀속되지 아니하는 토지를 취득하는 경우에는 「주택법」 제49조에 따른 사용검사를 받은 날의 다음 날에 그 토지를 취득한 것으로 본다. (○, ×)

정답 ⑤

42-1 토지의 지목변경에 따른 취득은 토지의 지목이 사실상 변경된 날을 취득일로 본다. (×) ⇨ 공부상변경일과 사실상 변경일 중 빠른날

42-2 부동산을 연부로 취득하는 것은 등기일에 관계없이 그 사실상의 최종연부금 지급일을 취득일로 본다. (×) ⇨ 연부취득의 경우 사실상 연부금 지급일이 취득시기이며, 연부금 지급일전에 등기이면 등기일

42-3 「도시 및 주거환경정비법」에 따른 재건축조합이 재건축 사업을 하면서 조합원으로부터 취득하는 토지 중 조합원에게 귀속되지 아니하는 토지를 취득하는 경우에는 같은 법에 따른 소유권이전 고시일의 다음 날에 그 토지를 취득한 것으로 본다. (×) 제32회, 제28회 기출

42-4 「주택법」 제11조에 따른 주택조합이 주택 건설사업을 하면서 조합원으로부터 취득하는 토지 중 조합원에게 귀속되지 아니하는 토지를 취득하는 경우에는 「주택법」 제49조에 따른 사용검사를 받은 날의 다음 날에 그 토지를 취득한 것으로 본다. (×) ⇨ 「주택법」 제11조에 따른 주택조합이 주택 건설사업을 하면서 조합원으로부터 취득하는 토지 중 조합원에게 귀속되지 아니하는 토지를 취득하는 경우에는 「주택법」 제49조에 따른 사용검사를 받은 날에 그 토지를 취득한 것으로 본다.

43 다음 사례에 의하여 개인이 개인으로부터 부동산을 취득한 때에 취득세의 취득시기는?

---

1. 계약서 내용
   ㉠ 계약일: 2024년 6월 15일
   ㉡ 중도금지급일: 2024년 7월 1일
   ㉢ 잔금지급일: 2024년 7월 28일
2. 사실내용
   ㉠ 잔금지급일: 2024년 7월 15일
   ㉡ 등기·등록일: 2024년 7월 20일

---

① 2024년 6월 15일   ② 2024년 7월 28일
③ 2024년 7월 15일   ④ 2024년 7월 20일
⑤ 2024년 9월 14일

정답 ③

44 다음은 취득세 과세표준에 대한 설명이다. 옳은 것은?
① 부동산 등을 무상(상속 포함)취득하는 경우 "취득당시가액"은 "시가인정액"으로 한다 (시가인정액을 산정하기 어려운 경우는 시가표준액).
② 국가로부터 유상취득하는 경우에는 사실상의 취득가격 또는 연부 금액을 과세표준으로 한다.
③ 취득물건에 대한 시가표준액이 1억원 이하인 부동산 등의 무상취득(상속 제외): 시가표준액
④ 취득세의 과세표준은 취득당시의 가액으로 한다. 다만, 연부로 취득하는 경우 연부금총액으로 한다.
⑤ 부동산 등을 원시취득하는 경우 취득당시가액은 시가인정액으로 한다.

44-1 법인장부로 토지의 지목변경에 든 비용이 입증되는 경우 토지의 지목변경에 대한 과세표준은 지목변경 전의 시가표준액에 그 비용을 더한 금액으로 한다. (○, ×)

정답 ②

해설

① 부동산 등을 무상(상속 제외)취득하는 경우 "취득당시가액"은 "시가인정액"으로 한다 (시가인정액을 산정하기 어려운 경우는 시가표준액).

③ 취득물건에 대한 시가표준액이 1억원 이하인 부동산 등의 무상취득(상속 제외) : 시가인 정액과 시가표준액 중에서 납세자가 정하는 가액

④ 취득세의 과세표준은 취득 당시의 가액으로 한다. 다만, 연부(年賦)로 취득하는 경우에 는 연부금액(매회 사실상 지급되는 금액을 말하며, 취득금액에 포함되는 계약보증금을 포함한다)으로 한다.

⑤ 부동산 등을 원시취득하는 경우 취득당시가액은 사실상취득가격으로 한다(지방세법 제 10조의4 제1항).

44-1 법인장부로 토지의 지목변경에 든 비용이 입증되는 경우 토지의 지목변경에 대한 과세 표준은 지목변경 전의 시가표준액에 그 비용을 더한 금액으로 한다. (×) ⇨ 사실상취득가액 이다.

45 개인이 국가로부터 유상 취득하기 위하여 취득시기 이전에 지급하였던 금액으로 부동산의 취득세 과세표준을 사실상의 취득가격으로 하는 경우 이에 포함될 수 있는 항목을 모두 고르면 몇 개인가?

㉠ 취득대금을 일시금으로 지불하여 일정액을 할인받은 경우 그 할인받은 금액
㉡ 부동산의 건설자금에 충당한 차입금의 이자
㉢ 연불조건부 계약에 따른 이자상당액 및 연체료
㉣ 취득대금 외에 당사자 약정에 의한 취득자 채무인수액
㉤ 공인중개사법에 따른 공인중개사에게 지급한 중개보수

---

① 1개 　　　　　　　　　② 2개
③ 3개 　　　　　　　　　④ 4개
⑤ 5개

45-1 전기사업법에 따라 전기를 사용하는 자가분담하는 비용과 이주비는 사실상 취득가액에 포함되지 아니한다. (○, ×)

45-2 법인의 경우 부가가치세 등 취득에 소요된 직접·간접비용을 포함한다. (○, ×)

45-3 부동산을 취득할 수 있는 권리를 타인으로부터 이전받은 자가 부동산을 취득하는 경우로서 해당 부동산 취득을 위하여 "실제 지출금액"이 분양·공급가격보다 낮은 경우에는 부동산 취득자의 실제 지출금액을 기준으로 과세표준을 정한다. (○, ×)

정답 ①

해설

㉣ (1개)

㉠ 취득대금을 일시급 등으로 지급하여 일정액을 할인받은 경우에는 그 할인된 금액으로 한다(할인받은 금액은 취득가액에 포함되지 않음에 유념).

㉡ 부동산의 건설자금에 충당한 차입금의 이자는 사실상취득가액에 간접비용으로 포함한다. 다만, 법인이 아닌 자가 취득하는 경우는 취득가격에서 제외한다.

㉢ 할부 또는 연부(年賦) 계약에 따른 이자 상당액 및 연체료는 사실상취득가액에 간접비용으로 포함한다. 다만, 법인이 아닌 자가 취득하는 경우는 취득가격에서 제외한다.

㉤ 공인중개사법에 따른 공인중개사에게 지급한 중개보수는 사실상취득가액에 간접비용으로 포함한다. 다만, 법인이 아닌 자가 취득하는 경우는 취득가격 또는 연부금액에서 제외한다.

45-1 전기사업법에 따라 전기를 사용하는 자가분담하는 비용과 이주비는 사실상 취득가액에 포함되지 아니한다. (○)

45-2 법인의 경우 부가가치세 등 취득에 소요된 직접·간접비용을 포함한다. (×) ⇨ 부가가치세, 광고선전비는 사실상 취득가액에 포함하지 아니한다.

45-3 부동산을 취득할 수 있는 권리를 타인으로부터 이전받은 자가 부동산을 취득하는 경우로서 해당 부동산 취득을 위하여 "실제 지출금액"이 분양·공급가격보다 낮은 경우에는 부동산 취득자의 실제 지출금액을 기준으로 과세표준을 정한다. (○)

46 등록면허세에 대한 다음 설명 중 옳지 않은 것은 몇 개인가?

> ㉠ 지방세의 체납으로 그 소유권이 지방자치단체 명의로 이전되는 경우에 채권자 대위등기에 의한 등기에 대해서는 비과세한다.
> ㉡ 甲의 부동산을 은행에 담보로 제공하고 저당권 설정등기를 하는 경우 저당권 설정등기에 대한 납세의무자는 은행이다.
> ㉢ 타인의 토지에 지상권 설정등기를 할 경우 등록면허세의 납세의무자는 그 토지의 소유자이다.
> ㉣ 부동산의 가압류 설정등기의 과세표준은 부동산가액의 1,000분의 2이다.
> ㉤ 부동산의 저당권말소등기시 과세표준은 채권금액의 1,000분의 2이다.

① 1개   ② 2개
③ 3개   ④ 4개
⑤ 5개

46-1 부동산등기의 등록면허세 납세의무자가 신고를 하지 아니한 경우에도 산출세액을 등기하기 전까지 납부한 때에는 신고불성실가산세를 징수하지 아니한다. (○, ×)

46-2 부동산 등기에 대한 등록면허세의 납세지는 부동산 소재지이나 그 납세지가 분명하지 아니한 경우에는 등록관청 소재지로 한다. (○, ×)

46-3 등기·등록의 원인이 무효 또는 취소가 되어 등기·등록이 말소되는 경우 등록면허세에 영향을 미쳐 환급한다. (○, ×)

46-4 등기·등록할 당시에 자산재평가 또는 감가상각 등의 사유로 그 가액이 달라진 경우에는 변경된 가액을 과세표준으로 한다. (○, ×)

46-5 저당권 설정등기와 가압류·가처분의 설정 등기인 경우에는 채권금액을 과세표준으로 한다. (○, ×)

46-6 채권금액에 의해 과세액을 정하는 경우에 일정한 채권금액이 없을 때에는 채권의 목적이 된 것 또는 처분의 제한의 목적이 된 금액을 그 채권금액으로 본다. (○, ×)

46-7 임차권설정등기시 월임대차금액이 과세표준이다. (○, ×)

46-8 상속 원인으로 농지의 소유권이전 등기의 등록면허세의 표준세율은 1,000분의 3이다. (○, ×)

46-9 대도시에서 법인을 설립(설립 후 또는 휴면법인을 인수한 후 5년 이내에 자본 또는 출자액을 증가하는 경우를 포함한다)하거나 지점이나 분사무소를 설치함에 따른 등기를 할 때에는 그 세율을 표준세율의 100분의 300으로 한다. (○, ×)

46-10 「여신전문금융업법」 제2조 제12호에 따른 할부 금융업을 영위하기 위하여 대도시에서 법인을 설립함에 따른 등기를 할 때에는 그 세율을 해당 표준세율의 100분의 300으로 한다. 단, 그 등기일부터 2년 이내에 업종변경이나 업종추가는 없다. (○, ×)   제30회 기출

46-11 「한국은행법」 및 「한국수출입은행법」에 따른 은행업을 영위하기 위하여 대도시에 법인을 설립함에 따른 등기를 한 법인이 그 등기일부터 2년 이내에 업종변경이나 업종추가가 없는 때에는 등록면허세의 세율을 중과하지 아니한다. (○, ×)   제28회 기출

46-12 취득가액이 50만원 이하인 경우의 등기등록에 대하여 등록세면허세의 납세의무가 없다. (○, ×)

[정답] ④

[해설]
㉠ 지방세의 체납으로 그 소유권이 지방자치단체 명의로 이전되는 경우에 채권자 대위등기에 의한 등기에 대해서는 소유자에게 등록면허세를 부과한다.
㉢ 타인의 토지에 지상권 설정등기를 할 경우 등록면허세의 납세의무자는 지상권자이다.
㉣ 부동산의 가압류 설정등기의 과세표준은 채권금액의 1,000분의 2이다.
㉤ 부동산의 저당권말소등기시 과세표준은 건당이다.
46-1 부동산등기의 등록면허세 납세의무자가 신고를 하지 아니한 경우에도 산출세액을 등기하기 전까지 납부한 때에는 신고불성실가산세를 징수하지 아니한다. (○)
46-2 부동산 등기에 대한 등록면허세의 납세지는 부동산 소재지이나 그 납세지가 분명하지 아니한 경우에는 등록관청 소재지로 한다. (○)

46-3 등기·등록의 원인이 무효 또는 취소가 되어 등기·등록이 말소되는 경우 등록면허세에 영향을 미쳐 환급한다. (✕) ⇨ 이미 납부한 등록면허세에는 영향을 미치지 아니한다.

46-4 등기·등록할 당시에 자산재평가 또는 감가상각 등의 사유로 그 가액이 달라진 경우에는 변경된 가액을 과세표준으로 한다. (○)

46-5 저당권 설정등기와 가압류·가처분의 설정 등기인 경우에는 채권금액을 과세표준으로 한다. (○)

46-6 채권금액에 의해 과세액을 정하는 경우에 일정한 채권금액이 없을 때에는 채권의 목적이 된 것 또는 처분의 제한의 목적이 된 금액을 그 채권금액으로 본다. (○)

46-7 임차권설정등기시 월임대차금액이 과세표준이다. (○)

46-8 상속 원인으로 농지의 소유권이전 등기의 등록면허세의 표준세율은 1,000분의 3이다. (✕) ⇨ 1,000분의 8

46-9 대도시에서 법인을 설립(설립 후 또는 휴면법인을 인수한 후 5년 이내에 자본 또는 출자액을 증가하는 경우를 포함한다)하거나 지점이나 분사무소를 설치함에 따른 등기를 할 때에는 그 세율을 일반세율의 100분의 300으로 한다. (○)

46-10 「여신전문금융업법」 제2조 제12호에 따른 할부 금융업을 영위하기 위하여 대도시에서 법인을 설립함에 따른 등기를 할 때에는 그 세율을 해당 표준세율의 100분의 300으로 한다. 단, 그 등기일부터 2년 이내에 업종변경이나 업종추가는 없다. (✕) ⇨ 할부 금융업은 중과하지 아니한다.   제30회 기출

46-11 「한국은행법」 및 「한국수출입은행법」에 따른 은행업을 영위하기 위하여 대도시에 법인을 설립함에 따른 등기를 한 법인이 그 등기일부터 2년 이내에 업종변경이나 업종추가가 없는 때에는 등록면허세의 세율을 중과하지 아니한다. (○)   제28회 기출

46-12 취득가액이 50만원 이하인 경우의 등기등록에 대하여 등록세면허세의 납세의무가 없다. (✕) ⇨ 등록면허세의 납세의무가 있다.

47 다음 중 재산세의 납세의무자에 대한 설명으로 옳지 않은 것은?

① 5월 31일에 재산세 과세대상 재산의 매매잔금을 수령하고 소유권이전등기를 한 경우는 매도인이 당해연도의 납세의무자이다.

② 과세기준일 현재 소유권의 귀속이 분명하지 아니하여 사실상의 소유자를 알 수 없을 때에는 그 사용자가 납세의무를 진다.

③ 공부상의 소유자가 매매 등의 사유로 소유권에 변동이 있었음에도 이를 신고하지 아니하여 사실상 소유자를 알 수 없는 경우에도 공부상상의 소유자가 납세의무를 진다.

④ 「신탁법」에 따라 수탁자 명의로 등기·등록된 신탁재산의 경우로 위탁자별로 구분된 재산에 대해서는 그 위탁자가 납세의무를 진다.

⑤ 상속이 개시된 재산 및 토지로서 상속등기가 이행되지 아니하고 사실상의 소유자를 신고하지 아니한 때에는 주된 상속자가 재산세를 납부하여야 한다.

정답 ①

48 다음 중 재산세의 납세의무자에 대한 설명으로 옳은 것은?

① 5월 31일에 재산세 과세대상 재산의 매매잔금을 수령하고 소유권이전등기를 한 경우 해당년도의 납세의무자는 매도인과 매수인으로 소유기간 만큼 배분하여 납세의무 정한다.

② 도시환경정비사업시행에 따른 환지계획에서 일정한 토지를 환지로 정하지 아니하고 체비지로 정한 경우 종전 토지소유자

③ 국가가 선수금을 받아 조성하는 매매용 토지로서 사실상 조성이 완료된 토지의 사용권을 무상으로 받은 자는 재산세를 납부할 의무가 없다.

④ 甲이 乙에게 토지를 매도한 후 乙이 소유권이전등기를 이행하지 않았더라도 사실상 소유자는 乙이므로 甲의 소유권변동신고 여부에 관계없이 재산세 납세의무자는 乙이다.

⑤ 재산의 소유권 변동 또는 과세대상 재산의 변동 사유가 발생하였으나 과세기준일까지 그 등기가 되지 아니한 재산의 공부상 소유자가 과세기준일부터 15일 이내에 그 소재지를 관할하는 지방자치단체의 장에게 그 사실을 알 수 있는 증거자료를 갖추어 신고함으로 인하여 사실상 소유자를 판단한다.

정답 ⑤

해설

① 사실상 잔금지급일이 과세기준일(6월 1일) 전이므로 소유권 변동된 년도의 재산세 납세의무자는 매수인이다.

② 사업시행자가 납세의무자이다.

③ 매수계약자에게 납부할 의무를 부여한다.

④ 신고하였을 경우 사실상 소유자인 乙이다.

49 재산세의 설명으로 옳은 것은?

① 과세기준일은 매년 6월 1일이고, 납기는 매년 7월 16일부터 7월 31일까지 모든 재산이 동일하다.

② 재산세는 과세대장에 의하여 자진신고에 의한 방법으로 자진납세방식으로 과세한다.

③ 해당 연도에 부과할 토지분 재산세액이 일정기준금액 초과 여부에 관계없이 납기를 9월 1일부터 9월 15일까지로 하여 한꺼번에 부과·징수할 수 있다.

④ 재산세는 법정요건을 충족하는 조례에 의해 표준세율의 100분의 50의 범위 안에서 가감 조정할 수 있다. 이는 3년간 계속 적용된다.

⑤ 과세대상인 건물을 구분함에 있어서 1구의 건물이 주거와 주거외의 용도에 겸용되는 경우, 주거용으로 사용되는 면적이 전체의 100분의 50 이상인 경우에는 주택으로 본다.

정답 ⑤

해설

① 재산세의 납부기간은 재산마다 다르다.

② 재산세의 부과·징수방법은 보통징수이다.

③ 토지재산세의 납부기간은 9월 16일부터 9월 30일까지이다.

④ 탄력세율은 해당년도만 적용한다.

50 재산세의 설명으로 옳은 것은?

① 고급주택에 대한 재산세의 과세표준은 법령에 따른 시가표준액에 공정시장가액 비율 70%를 곱한 가액으로 한다.

② 주택을 2인 이상이 공동으로 소유한 경우 당해 주택의 토지와 건물의 가액을 구분한 과세표준액에 세율을 적용한 후 산출세액을 시가표준액비율로 안분한 부분에 대해 지분권자(= 사실상 소유자)에게 납세의무를 부여한다.

③ 1인이 2 이상의 주택을 보유한 경우에도 그 가액을 합산하여 초과누진세율을 적용하지 않고 독립된 매 1구의 주택마다 산출된 세액으로 한다.

④ 재산세의 과세대상인 주택은 부속토지를 제외한 주거용 건축물을 말한다.

⑤ 주택의 경우에 토지에 대해서는 토지분 재산세로 9월 16일부터 9월 30일까지, 주택에 대해서는 건물분 재산세로 7월 16일부터 7월 31일까지 납부하여야 한다.

정답 ③

해설

① 주택에 대한 공정시장가액의 비율은 60%이다.

② 주택을 2인 이상 공동 소유한 경우 당해 주택의 토지와 건물가액을 합한 과세표준에 세율 적용하여 세액 산정한다.

④ 주택은 주택 건물과 그에 딸린 부수토지를 합산한 물건을 말한다.

⑤ 주택의 재산세 납부기간은 1/2에 대해 7월 16일부터 7월 31일까지, 나머지 1/2에 대해 9월 16일부터 9월 30일까지이다.

51 「지방세법」상 재산세의 과세표준에 대한 설명으로 틀린 것은?

① 토지·건축물 및 주택에 대한 과세표준은 시가표준액에 공정시장가액비율을 곱하여 산정한 가액으로 한다.

② 토지 및 주택의 시가표준액은 「지방세법」상 시가표준액으로 개별공시지가 및 개별주택가격 또는 공동주택가격으로 한다.

③ 공동주택의 재산세 과세표준은 법령에 따른 시가표준액에 100분의 60을 곱하여 산정한 가액으로 한다.

④ 선박 및 항공기에 대한 과세표준은 시가표준액으로 한다.

⑤ 법인이 소유하는 부동산으로서 법인장부 등에 의하여 사실상의 거래가액이 입증되는 경우에는 법인장부가액을 과세표준으로 한다.

[정답] ⑤

[해설]

⑤ 과세표준은 시가표준액에 공정시장가액을 곱한 가액으로 한다.

52 「지방세법」상 재산세 과세대상 중 과세표준이 증가함에 따라 재산세 부담이 누진적으로 증가할 수 있는 것은?

① 「여객자동차운수사업법」의 규정에 의하여 면허 또는 인가를 받은 자가 계속하여 사용하는 여객자동차터미널용 및 물류터미널용 토지

② 1세대 1주택으로 시가표준액이 9억원 이하인 주택으로 특례에 적용된 1주택

③ 산림의 보호육성을 위하여 필요한 임야로서 「자연공원법」에 의하여 지정된 공원자연환경지구 안의 임야

④ 과세기준일 현재 특별시지역의 도시지역 안의 녹지지역에서 실제 영농에 사용되고 있는 개인이 소유하는 밭

⑤ 고급오락장으로 사용되는 건축물의 부속토지

[정답] ②

[해설]

① 0.2% 비례세율

③ 0.07% 비례세율

④ 0.07% 비례세율

⑤ 4% 비례세율

53 다음은 재산세에 대한 세율이다. 옳은 것은?

① 일반 사업용 건축물의 토지 : 3%

② 고급선박 : 일반선박에 대한 세율의 5배 중과세율

③ 시지역의 주거지역 내 공장용 건축물 : 중과세율로서 0.6%를 5년간 적용

④ 고급주택 : 5%

⑤ 과밀억제권역 내 신설·증설 공장 : 일반 사업용 건축물에 대한 세율의 5배 중과세율을 5년간 적용

정답 ⑤

해설

① 일반 사업용 건축물의 토지 : 별도합산으로 0.2%~0.4% 누진세율

② 고급선박 : 5%

③ 시지역의 주거지역 내 공장용 건축물 : 매년마다 계속 0.5%

④ 고급주택 : 0.1%~0.4%의 누진세율

54 다음의 재산 중 재산세가 과세되는 재산은?

① 재산세 과세기준일 현재 행정관청으로부터 철거명령을 받았거나 철거보상계약이 체결된 건축물 및 주택 건물

② 자연공원법에 의한 자연보존지구 안의 임야

③ 국가·지방자치단체 또는 지방자치단체조합이 1년 이상 공용 또는 공공용에 무료로 사용하는 토지

④ 임시로 사용하기 위하여 건축된 고급오락장으로서 재산세 과세기준일 현재 1년 미만의 것

⑤ 군사시설보호법에 의한 통제보호구역 안에 있는 토지로서 전·답·과수원 및 대를 제외한 토지

54-1 대통령령으로 정하는 도로[사도(私道) 포함], 하천, 제방, 구거, 유지, 묘지는 재산세 비과세이다. (○, ×)

54-2 산림보호법에 따라 지정된 산림보호구역 및 산림자원의 조성 및 관리에 관한 법률에 따라 지정된 채종림·시험림은 재산세 비과세이다. (○, ×)

정답 ④

해설

④ 사치성재산은 과세이다.

54-1 대통령령으로 정하는 도로[사도(私道) 포함], 하천, 제방, 구거, 유지, 묘지는 재산세 비과세이다. (○)

54-2 산림보호법에 따라 지정된 산림보호구역 및 산림자원의 조성 및 관리에 관한 법률에 따라 지정된 채종림·시험림은 재산세 비과세이다. (○)

55 다음 재산세 과세대상토지 중에서 분리과세되는 토지로 1,000분의 0.7의 세율이 적용되는 토지는 몇 개인가?

> ㉠ 과세기준일 현재 계속 염전으로 실제 사용하고 있거나 계속 염전으로 사용하다가 사용을 폐지한 토지
> ㉡ 1990년 5월 31일 이전부터 종중이 소유하고 있는 임야
> ㉢ 여객자동차운송사업·화물자동차운송사업의 차고용 토지
> ㉣ 잡종지(물치장, 갈대밭·채석장·토취장·노천시장 등)
> ㉤ 국가나 지방자치단체가 국방상 목적 외에는 그 사용 및 처분 등을 제한하는 공장구내의 토지
> ㉥ 대중체육시설업자가 대중체육시설업법률의 시설기준에 따라 설치해야 하는 필수시설 중 운동시설용 토지
> ㉦ 지상정착물이 없는 나대지
> ㉧ 「건축법」 등의 규정에 의하여 허가 등을 받아야 할 건축물로서 허가 등을 받지 아니한 건축물의 부속토지
> ㉨ 시내 도시지역 내에서 산업단지 및 공업지역 이외의 공장용지의 기준면적 이내의 토지
> ㉩ 도시지역 밖 기준 면적 내 목장 용지
> ㉪ 고급 오락장용 토지

① 2개   ② 6개
③ 7개   ④ 8개
⑤ 9개

정답 ①

해설

0.07%의 세율이 적용되는 것은 ㉡㉩으로 2개이다.

㉡ 1990년 5월 31일 이전부터 종중이 소유하고 있는 임야 ⇨ 분리과세, 세율은 0.07%

㉩ 도시지역 밖 기준 면적 내 목장 용지 ⇨ 분리과세, 세율은 0.07%

㉠ 과세기준일 현재 계속 염전으로 실제 사용하고 있거나 계속 염전으로 사용하다가 사용을 폐지한 토지 ⇨ 분리과세, 세율은 0.2%

㉢ 여객자동차운송사업·화물자동차운송사업의 차고용 토지 ⇨ 별도합산

㉣ 잡종지(물치장, 갈대밭·채석장·토취장·노천시장 등) ⇨ 종합합산

㉤ 국가나 지방자치단체가 국방상 목적 외에는 그 사용 및 처분 등을 제한하는 공장구내의 토지 ⇨ 분리과세, 세율은 0.2%

㉥ 대중체육시설업자가 대중체육시설업법률의 시설기준에 따라 설치해야 하는 필수시설 중 운동시설용 토지 ⇨ 별도합산

㉦ 지상정착물이 없는 나대지 ⇨ 종합합산

㉧ 「건축법」 등의 규정에 의하여 허가 등을 받아야 할 건축물로서 허가 등을 받지 아니한 건축물의 부속토지 ⇨ 종합합산

㉨ 시내 도시지역 내에서 산업단지 및 공업지역 이외의 공장용지의 기준면적 이내의 토지 ⇨ 별도합산

㉪ 고급 오락장용 토지 ⇨ 분리과세, 세율은 4%

56 다음 중 종합부동산세의 과세대상에 해당하는 것은 모두 몇 개인가?

> ㉠ 지방세법상의 고급주택
> ㉡ 공장용 건축물
> ㉢ 1990년 5월 31일 이전부터 소유(1990년 6월 1일 이후에 해당 임야를 상속받아 소유하는 경우와 법인합병으로 인하여 취득하여 소유하는 경우를 포함한다)하는 종중이 소유하고 있는 임야
> ㉣ 골프장용 부속토지
> ㉤ 가정어린이집
> ㉥ 일반사업용 건축물
> ㉦ 고급오락장용 건축물
> ㉧ 건축물이 없는 나대지, 잡종지

① 1개   ② 2개   ③ 3개
④ 4개   ⑤ 5개

정답 ②

해설

종합부동산세에 과세되는 경우는 ㉠㉧이다.

57 종합부동산세에 대한 설명 중 옳은 것은?

① 종합부동산세의 과세기준일은 지방세법상 재산세의 과세기준일과 동일하다.
② 재산세는 세부담상한제도를 두고 있으나, 종합부동산세는 세부담상한제도를 두고 있지 아니하다.
③ 종합부동산세는 분납제도를 두고 있지 아니하다.
④ 종업원의 주거에 제공하기 위한 기숙사 및 사원용 주택, 주택건설사업자가 건축하여 소유하고 있는 미분양주택, 가정어린이집용 주택을 보유한 납세의무자는 해당 연도 12월 1일부터 12월 15일까지 대통령령으로 정하는 바에 따라 납세지 관할세무서장에게 해당 주택의 보유현황을 신고하여야 한다.
⑤ 종합부동산세는 납세지는 부동산 소재지이다.

정답 ①

해설

② 재산세, 종합부동산세 세부담상한제도를 두고 있다.
③ 종합부동산세는 분납제도를 두고 있다. 허나, 물납은 없다.
④ 종업원의 주거에 제공하기 위한 기숙사 및 사원용 주택, 주택건설사업자가 건축하여 소유하고 있는 미분양주택, 가정어린이집용 주택을 보유한 납세의무자는 해당 연도 9월 16일부터 9월 30일까지 대통령령으로 정하는 바에 따라 납세지 관할세무서장에게 해당 주택의 보유현황을 신고하여야 한다.
⑤ 종합부동산세는 납세지는 거주자의 주소지이다.

58 「종합부동산세법」상 종합부동산세에 관한 설명으로 틀린 것은 몇 개인가?

㉠ 별도합산과세대상인 토지에 대한 종합부동산세의 세액은 과세표준에 0.5%~0.8%의 세율을 적용하여 계산한 금액으로 한다.

㉡ 과세기준일 현재 만 75세 이상인 자가 보유하고 있는 종합부동산세과세대상인 1세대 1주택에 대하여는 산출된 세액에서 100분의 50의 연령별 공제율을 곱한 금액으로 연령에 따른 세액공제한다.

㉢ 단독 소유 1세대 1주택자 중 17년 보유한 자에 대해서는 산출된 세액에서 100분의 40의 보유기간별 공제율을 곱한 금액을 보유기간 세액공제로 한다.

㉣ ㉡㉢은 공제율 합계 100분의 70의 범위에서 중복하여 적용할 수 있다.

㉤ 관할세무서장은 납부하여야 할 종합부동산세의 세액을 결정하여 당해연도 12월 16일부터 12월 31일(이하 "납부기간"이라 한다)까지 부과·징수한다. 관할세무서장은 종합부동산세를 징수하고자 하는 때에는 납세고지서에 주택 및 토지로 합산한 과세표준과 세액을 기재하여 납부기간 개시 5일 전까지 발부하여야 한다.

㉥ 정부부과에도 불구하고 종합부동산세를 신고납부방식으로 납부하고자하는 납세의무자는 해당년도 12월 16일부터 12월 31일까지 하여야 한다. 이 경우 정부의 결정은 없었던 것으로 본다.

㉦ 종합부동산세에 부가되는 농어촌특별세는 종합부동산세의 분납금액의 비율에 의하여 종합부동산세의 분납에 따라 분납할 수 있다.

㉧ 납세의무자가 2주택을 소유한 경우 해당년도에 납부하여야 할 주택분 재산세액상당액과 주택분 종합부동산세액상당액의 합계액(주택에 대한 총세액상당액)이 직전년도에 해당 주택에 부과된 주택에 대한 총세액상당액의 100분의 200을 초과하는 경우에는 그 초과세액은 없는 것으로 본다.

㉨ 과세기준일 현재 주택분 재산세의 납세의무자로서 국내에 있는 재산세 과세대상인 주택의 공시가격을 합산한 금액이 6억원을 초과하는 자는 종합부동산세를 납부할 의무가 있다.

㉩ 종합합산과세대상인 토지에 대한 종합부동산세의 과세표준은 납세의무자별로 해당 과세대상토지의 공시가격을 합산한 금액에서 5억원을 공제한 금액으로 한다.

① 10개   ② 8개
③ 5개   ④ 7개
⑤ 4개

58-1 과세기준일 현재 65세인 1세대 1주택자로서 해당 주택을 5년 보유한 자는 연령별 세액공제와 보유 세액공제는 합하여 산출세액의 50%를 공제받는다. (○, ×)

정답 ②

해설

㉠, ㉡, ㉢, ㉣, ㉤, ㉥, ㉦, ㉧으로 8개이다.

㉠ 별도합산과세대상인 토지에 대한 종합부동산세의 세액은 과세표준에 0.5%~0.7%의 세율을 적용하여 계산한 금액으로 한다.

㉡ 과세기준일 현재 만 75세 이상인 자가 보유하고 있는 종합부동산세과세대상인 1세대 1주택에 대하여는 산출된 세액에서 100분의 40의 연령별 공제율을 곱한 금액으로 연령에 따른 세액공제한다.

㉢ 단독 소유 1세대 1주택자 중 17년 보유한 자에 대해서는 산출된 세액에서 100분의 50의 보유기간별 공제율을 곱한 금액을 보유기간 세액공제로 한다.

㉣ 연령의 세액공제와 보유세액공제는 중복이 가능하며, 범위는 합계 100분의 80의 범위에서 중복하여 적용할 수 있다.

㉤ 관할세무서장은 납부하여야 할 종합부동산세의 세액을 결정하여 당해연도 12월 1일부터 12월 15일(이하 "납부기간"이라 한다)까지 부과·징수한다. 관할세무서장은 종합부동산세를 징수하고자 하는 때에는 납세고지서에 주택 및 토지로 구분한 과세표준과 세액을 기재하여 납부기간 개시 5일 전까지 발부하여야 한다.

㉥ 정부부과에도 불구하고 종합부동산세를 신고납부방식으로 납부하고자하는 납세의무자는 해당년도 12월 1일부터 12월 15일까지 하여야 한다. 이 경우 정부의 결정은 없었던 것으로 본다.

㉦ 납세의무자가 2주택을 소유한 경우 해당년도에 납부하여야 할 주택분 재산세액상당액과 주택분 종합부동산세액상당액의 합계액(주택에 대한 총세액상당액)이 직전년도에 해당 주택에 부과된 주택에 대한 총세액상당액의 100분의 150을 초과하는 경우에는 그 초과 세액은 없는 것으로 본다. 주택은 공시가액 합산금액이 9억원을 초과하는 자에게 납세의무를 부여한다.

㉧ 종합합산과세대상인 토지에 대한 종합부동산세의 과세표준은 납세의무자별로 해당 과세대상토지의 공시가격을 합산한 금액에서 5억원을 공제한 금액에 공정시장가액비율을 곱한 가액으로 한다.

58-1 과세기준일 현재 65세인 1세대 1주택자로서 해당 주택을 5년 보유한 자는 연령별 세액공제와 보유 세액공제는 합하여 산출세액의 50%를 공제받는다. (×) ⇨ 40%

59 거주자 甲은 A주택을 3년간 소유하여 직접 거주하고 있다. 甲이 A주택에 대하여 납부하게 되는 2024년 귀속 재산세와 종합부동산세에 관한 설명으로 틀린 것은? (단, 甲은 「종합부동산세법」상 납세의무자로서 만 61세이며, 1세대 1주택자라 가정함)

① 재산세 및 종합부동산세의 과세기준일은 매년 6월 1일이다.

② 甲의 고령자세액공제액은 「종합부동산세법」에 따라 산출된 세액에 100분의 20을 곱한 세액으로 한다.

③ 재산세 납부세액이 600만원인 경우, 최대 300만원은 납부기한이 지난 날부터 2개월 이내에 분납할 수 있다.

④ 재산세 산출세액은 지방세법령에 따라 계산한 직전년도 해당 재산에 대한 재산세액 상당액의 100분의 150에 해당하는 금액을 한도로 한다.

⑤ 만약 甲이 A주택을 「신탁법」에 따라 수탁자명의로 신탁등기하게 하는 경우 신탁재산의 경우에는 위탁자를 재산세 납세의무자로 본다.

정답 ④

해설

④ 당해 재산에 대한 재산세의 산출세액이 직전연도의 당해재산에 대한 재산세액 상당액의 100분의 150을 초과하는 경우에는 100분의 150에 해당하는 금액을 당해연도에 징수할 세액으로 한다. 다만, 주택은 제외한다.

" 모두 합격 기원 드립니다. "

웃는 공양구가 좋구요...^^

세법 강의하는

이 태 호 배상.

제35회 공인중개사 시험대비 **전면개정판**

2024 박문각 공인중개사
이태호 파이널 패스 100선 2차 부동산세법

초판인쇄 | 2024. 8. 5.　**초판발행** | 2024. 8. 10.　**편저** | 이태호 편저
발행인 | 박 용　**발행처** | (주)박문각출판　**등록** | 2015년 4월 29일 제2019-000137호
주소 | 06654 서울시 서초구 효령로 283 서경 B/D 4층　**팩스** | (02)584-2927
전화 | 교재 주문 (02)6466-7202, 동영상문의 (02)6466-7201

저자와의
협의하에
인지생략

정가 15,000원
ISBN 979-11-7262-169-8